U0054103

懶人投資法

◎王義田／著

叢書序

在人類發明了貨幣來代替實物作為交易的依據之後，又進一步為了降低運送貨幣的不便，而發明了支票、匯兌等等金融商品，到了近代更為了降低各種金融商品持有或運作的風險，誕生了延伸性金融商品。有了延伸性金融商品，「錢」的概念不只是「貨幣」、「鈔票」而已，反而變得更加複雜起來，於是使得錢財的處理，愈來愈要講究學問。

事實上，我們在工作上勞心勞力，獲得「錢」作為報償，並在社會上取得相對的「購買力」去換取其他人的產品勞務，再將多餘的錢存起來，留待需要時或是累積一定數量再行運用，這就是現代商業緣起的基本架構。如果我們更進一步，討論如何將錢花得更有效率，或是把多餘的錢作更有效的運用，這就是所謂的「理財」。

本叢書邀集許多金融界的專業人士以及學有專精的理財專家，深入淺出地介紹各種金融商品的運用。若您目前的理財方式是把錢放在銀行的團體儲蓄帳戶，年利率百分之六點多，和通貨膨脹一比，您會發現，放在銀行的錢很容易隨著時間而愈來愈薄。銀行拿存款人的錢去作各項投資，但是銀行付給存款人的利息，甚至不夠彌補物價上漲的損失。如何與銀行打交道，甚至利用銀行，也是一門學問。因此，您不妨考慮本叢書所提及的各種理財管道，讓自己的資金作更有效的運用。

我們希望每一位閱讀 Money Tank 叢書系列的讀者，都能從這裡獲得由專業人士所提供的理財觀念與技巧，並藉此使生活中有更多的餘裕可以完成夢想。或許，透過投資的角度來衡量人生的各項決定，或是思考未來的發展，比較各種選擇的優劣勢，以及所要付出的成本，能夠讓您更緊密地掌握未來的方向，並且更輕鬆地達成理想。

在這個十倍速加速的年代，本叢書的出版希望能爲讀者們提供最新與最有用的理財知識。您會發現，這些理財觀念與工具看似複雜，其實不難。用各種理財的管道來規劃人生，是身爲現代人的您神聖的權利，也會讓您的生活更加的美滿。

自序

說真的，我不相信世上有懶得賺錢的人。事實上，台灣擁有全世界最勤奮賺錢的一群人，只有有錢可賺，夜以繼日，筋疲力盡，上山下海都在所不惜。可惜的是，我發現許多人努力的用勞力、智慧去換錢，可是在投資理財方面卻完全不願意付出心力，可說是不折不扣的「懶人」。本書對這種「懶人」的定義是：

一、工作忙碌，無暇涉足投資世界。

二、自認爲收入菲薄，沒資格投資。

三、認爲投資是門專業的學問，非一般人所能聞問。這類人坐領死薪水，養家活口之餘，除了定存、跟會外，頂多偶爾買幾張股票；對現代化投資理財存有莫名的恐懼。

無論爲了什麼原因而懶，「勤儉致富」這句古訓給了懶人不少安慰；總認爲只要量入爲出、努力儲蓄，就起碼能衣食無憂，並積攢下棺材本。

無奈的是，投資理財的時代已經來臨了；社會進步的腳步不會爲懶人停留。尤其是台灣，伴隨著經濟高度進步而產生的副作用——通貨膨脹，將會腐蝕收入，並降低相對貨幣價值、購買能力。

舉個例子來說，三、四十年前，剛就職的公教人員薪水不到一千元，還不夠到衡陽路買雙舶來皮鞋。但相對的，那時台北市郊（如板橋、永和）房價一坪也不到一千元。現在呢？公教人員平均月薪近四萬元，但即使在中和南勢角，十萬元也買不到一坪房子。也就是說，同一個人，四十年前如果不省吃儉用買棟房子，四十年後，雖然收入成長了近四十倍，但即使加上定存利息收入，也買不起價格已漲了超過百倍的房子。

據統計，奮鬥了一輩子後，對自己生活環境覺得滿意的人百不及一；還有百分之二十五的人，退休之後還必須工作才能免於凍餒；更有接近一半的退休者，必須靠子女、家人奉養，或接受社會救濟。

隨著財富集中所產生的傾軋作用，這種現象還會愈來愈嚴重。如果您符合上述「懶人」的資格，還能不聞雞起舞、振作起來？還能繼續懶下去嗎？

當然可以！

本書不賣弄專業知識，也不營造不切實際的空中樓閣。平實中，讓您認識各種投資工具，從而擬定適用的投資組合，並告訴您無須耗盡太多心力、實用而易懂的革命性投資觀念及方法，讓懶人兄弟們也能成爲富人——起碼不會在時代巨輪碾壓下哀號。

美國米高梅電影公司獅子咆哮的片頭，是笛茲（Howard Dietz）先生創製的。這位仁兄可是位標準的懶人，連班都懶得上。

有一次，公司主管對他說：「嗨！笛茲，你遲到了。」

笛茲先生漫不經心的回答：「可是我下班早。」

當然，笛茲先生之所以能如此懶，是因爲績效無可非議。祝各位讀者也能繼續懶下去，坐待新台幣從天上砸下來。

王義田

一九九九年八月

【目錄】

叢書序 I

自序 II

懶人投資一個原則 1

台灣的主張——賺錢 3

吃錢的怪獸——通貨膨脹 6

懶人投資兩點認識 11

第一個認識 認識各種投資工具 13

存款 16

概述 16

辦理存款業務的金融機構 17

存款的種類 21

利息 26

保險 29

互助會 32

跟會的好處與風險 32

互助會運作方式 34

房地產 36

黃金 39
債券與票券 41
共同基金 44
概說 44
組織形態 47
交易及發行形態 49
投資目的 52
海外基金 54
期貨 56
簡介 56
投資期貨的風險 59
期貨市場的運作 60
外匯 63
收藏品 65
認購權證與存託憑證 66
股票 68
股票是什麼？ 68
上市股票與上櫃股票 70
股票的價值 75
如何買賣股票 77
信用交易 80
投資股票的好處 82

投資股票的風險 84
第二個認識 建立全方位成本觀念 86
折舊 87
稅捐 90

懶人投資三項準備 93
第一項準備 確立投資組合 95
第二項準備 籌集資金 97
第三項準備 選擇往來機構 98

懶人投資四個堅持 101
第一個堅持 不看短期行情波動 103
觀察行情的途徑 103
不看短期行情波動 107
第二個堅持 絕不放空股票 108
第三個堅持 不從事不熟悉的投資 109
第四個堅持 不盲目擴張信用 111

懶人投資五項戰技 115
戰技一 順勢而為 117
配合多空循環 117

選擇適當時機火力全開 119
戰技二 掌握資金行情 121
資金堆砌股價 121
利率 123
存款準備率 124
外資 126
戰技三 選擇最值得投資的股票 131
什麼股票最值得投資？ 131
「績優」的檢視標準 133
「成長」的檢視標準 135
戰技四 比價法 136
比價 136
跌深股 138
戰技五 燃燒別人 照亮自己 139

懶人投資六大心理建設 143
心理建設一 逃避 145
心理建設二 叛逆 147
心理建設三 無情 152
心理建設四 勇敢 155
心理建設五 主觀 157
心理建設六 快樂 159

懶人投資十二守則 161

概述 163
守則一 體認創業維艱 164
守則二 避免不實用的重大支出 167
守則三 立即行動 171
守則四 避免墮入數字陷阱 174
守則五 矢志當個愛國主義者 176
守則六 耐心等候是種藝術 179
守則七 先確立攻擊態勢 184
守則八 不把資金交給別人操作 186
守則九 不從事超高利潤的投資 189
守則十 不從事不合法的投資 191
守則十一 毋故步自封 192
守則十二 致富之門不會為死鴨子而開 194

另類思考 197

自我投資 199
進修 202

附錄：節稅 205

節稅的重要性 207

所得稅免除 209
綜合所得稅 212
所得種類 212
免稅額 215
扣除額 216
節稅大原則 219
報稅 221
夫妻報稅的方式 222
股票 224
自用住宅 225
遺產稅與贈與稅 226
遺產稅 228
贈與稅 233

懶人投資

一個原則

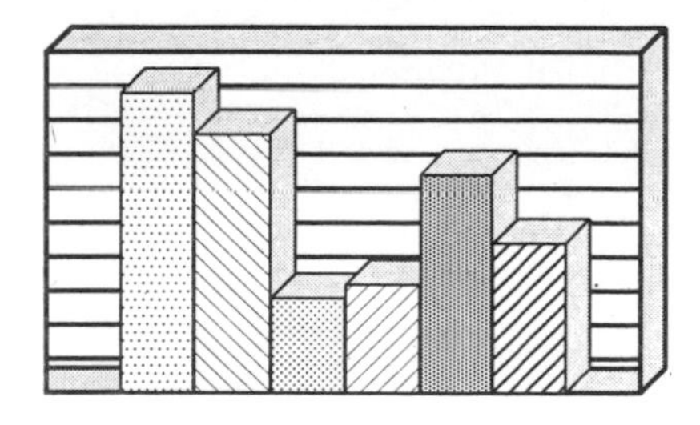

①台灣的主張——賺錢

本書要提供給懶人的一個大原則，就是非得投資不可。這一個原則不但必須奉行不渝，還不能因個人立場而各自表述。

爲什麼非投資不可呢？第一個原因，就是爲了要賺錢。

孫中山先生曾說過：「要做大事，不要賺大錢。」阿拉伯諺語也說：「富人要進天堂，比駱駝穿過針眼還難。」看來似乎賺錢是件跡近於不道德的行爲——起碼也和安邦立民大業積不能容。

事實真是這樣子嗎？十九世紀時，馬克思先生高坐大英圖書館，苦思多年，得出資本主義終將崩潰，世界將走入共產主義社會的結論。近百年來，爲了這個高見，世界付出了血流漂杵的代價。但冷酷的歷史，硬是開了馬克思先生一個大玩笑：共產革命總是發生在資本不發達的地區；資本主義卻往往帶來民主與繁榮。甚至，兩者較勁之後，共產主義國家紛紛打烊，連中共都不得不在所謂適合中國國情的社會主義經濟制度的煙幕下，大炒特炒股票。

台灣呢？您認爲台灣完全奉行民生主義嗎？不見得！中華民國在台灣，硬是不折不扣的資本主義國家。在這裡，您可以看到很多人既做大事，又賺大錢。以李登輝總統爲例，光是鴻禧別墅，便可看出身價非凡。當然，我們不太可能知道李總統究竟多有錢，但民國八十八年七月，「兩國論」效應發酵，影響所及，股市連續重挫，總統夫人曾文惠女士手中持有的197.9萬股宏電股票，價值曾在一個星期內縮水了4, 158萬元。光是損失，就夠一般人賺好幾輩子。但也由此可見，李總統會說出「兩岸是特殊的國與國關係」，真是為台灣前途著想，毫不計及自身利害，誠屬可佩。

既然是資本主義社會，那追求、累積財富就不算是種罪惡。事實上，在台灣，經濟實力早就是衡量社會地位的標準，甚至在擇偶條件中也名列前茅；現代台灣人也愈來愈不隱諱對金錢的熱愛。用開什麼車，或房子位於什麼地段相尙，固然不能算是淳良民風，但卻是「金錢不是萬能，沒錢卻萬萬不能」的具體寫照。

在這種趨勢下，為什麼還有懶人呢？據筆者觀察，在懶於投資的人中，有極大比例是收入微薄的受薪階層。他們通常出生於中產階級家庭，也有很多是無殼蝸牛。提起財富導向的社會風氣，這些人雖然心癢難熬，但卻自認在養家活口之餘，沒有能力從事投資等追求財富的行為；為了安慰自己，於是往往流於下列兩種心理：

㈠只從事自己接觸得到的理財工具，如跟會或定存。這類人不斷安慰自己：生命的意義，在於創造宇宙繼起之生命，只要自己勤儉持家，日子總過得下去；等到小孩長大成人，就算已盡了做人的責任。對這類人來說，就算聽到確實可行、有效的投資方法，也會像聽到火星隕石中有微生物化石一般覺得事不關己。

㈡覺得忿忿不平，認為社會真是病了。這類人提到社會現實、人情冷暖，或啣著金湯匙出生的企業家第二代時，往往情緒激昂，不可自抑。雖然如此，但卻從不思考自己是否也有追求財富的能力；就在自怨自艾、懷憂喪志中，錯失了無數機會。

無論如何，本書將告訴您一個事實：雖然自由資本主義社會容易造成財富集中及貧富不均，但卻也給了每個人相同的機會。只要知道方法，人人都可藉由投資而致富，並不只是個夢想而已。

人人都有夢想，想當總統或出將入相，也許今生已矣；想修補南極臭氧層破洞，造福全人類，或在某專業領域中出類拔萃，獲得諾貝爾獎，可能力有未逮，但起碼要為個人與家庭謀求最大的福利、塑建最好的環境；並爭取較佳的社會地位。所謂「富貴如龍游四海，貧賤似虎驚六親」。雖是懶人，但並不是死人，能不在意嗎？

這就是懶人為什麼非投資不可的第一個理由。

②吃錢的怪獸——通貨膨脹

據統計，有百分之九十五的家庭將大部分的閒置資金放在銀行。辛辛苦苦賺來的錢存在銀行，不花掉或另覓投資管道，有什麼好處呢？一般人是這樣認爲的：

㈠積沙成塔。勤儉儲蓄可致富；至少也可存下老本。

㈡風險低；相信銀行不會倒閉。

㈢運用方便。大部分地方都有自動提款機；即使在銀行營業時間外，遇有急需，也可提領使用。

原則上，上述想法沒錯。首先，雖然銀行是營利機構，所以難免也會有經營不善、關門大吉的時候（如前陣子出獄的李森，就曾以一個小小的營業員身分，搞垮了百年老店霸菱銀行），但不管經營如何失敗、逾放比率多高，中華民國政府始終小心翼翼的維持著銀行不能倒的神話。再退一步說，因爲銀行都參加了存款保險，所以只要存款不超過一百萬，就算銀行倒閉，也能分文不少的領回存款（連本帶利唷）。其次，大部分人都習慣於將閒置資金定存，並將可能動用的部分活存，如此不但運用方便、有利息可賺，銀行還能代繳水電、電話費，真是方便。

但是，我們站在懶人的立場來精算一下，在這高消費年代，假設立志儲蓄的懶人每月薪水五萬元（事實上這是高估，初出茅蘆的年輕人，如果入錯行，每月薪資二萬元出頭的還多的是），付了房租後，既不看電影、不唱KTV，每餐也只靠便當裹腹（不是連戰先生吃的那種五百元便當喔），那麼，每個月勉強可以存下二萬元。如此一來，存款在銀行裡錢滾錢、利滾利的結果，大約在二十年後，可以擁有人生第一個一千萬。

假設這種儲蓄行爲從二十五歲剛始，那也要年近半百才能擁有一千萬。古有明訓：「一寸光陰一寸金，寸金難買寸光陰。」詩人也說：「勸君莫惜金鏤衣，勸君惜取少年時；有花堪折直須折，莫待無花空折枝。」這些都是告訴我們，一個人只有一輩子，短暫的青春更不會重來。試想，如此省吃儉用，糟蹋了所有青春歲月，等到半百之年，行將玩不動、吃不下之際，才能具有一棟房子的身價，回首前塵，難道不會歔欷這一生所爲何來？

更重要的是，即使是現在，一千萬元也只能勉強買棟地段不算太好的房子而已，二十年後，一千萬元的購買力還等同於現在嗎？

古代中國人把十二年稱爲一「紀」，認爲是事物變化的一個循環，二十年之間會有多少變化，真是只有天知道。五十年前曾歷經國共內戰的人，應該都對當時金圓券一千萬元還買不到一個包子或一疊草紙的慘狀記憶猶新。當然，以歷史趨勢來看，這種情況再發生的機率並不高，但依經濟學法則與經驗來看，二十年後的一千萬元，購買力肯定不等於現在的一千萬元。這是因爲「通貨膨脹」作祟的緣故。

通貨膨脹（Inflation），指通貨的數量急遽增加，超過實際需求，貨幣因而貶值，物價節節升高。以上情形如果相反，則稱爲「通貨緊縮」（Deflation）。

簡單的說，所謂通貨膨脹，就是物價上漲，使貨幣的購買能力相對降低。而通貨膨脹率，就是物價上漲的速度。

台灣經濟成長快速，通貨膨脹率高過歐、美；這些年來都在3%～5%之間。也就是說，假設薪資爲五萬元，每年薪資調幅爲百分之三，但通貨膨脹率爲百分之四，那就等於原本五萬元能買到的東西，在您調薪爲五萬一千五百元後，必須付出五萬二千元才能買得到。薪水雖然調高，但是實質購買力反而下降，就相對價值來說，等於降薪。

我們從歷史中找例子。在「自序」中，我們曾提到三、四十年前，雖然剛就職的公教人員月薪通常不到一千元，但每月薪水也約略可以在台北市郊買一坪房子。到了今天，薪資雖然成長了近四十倍，但房價更飆漲了近二百倍。如果將這個比例移到未來，則雖然成爲千萬富翁，但一千萬很可能只能在台北市郊買間廁所。

如果將錢放在銀行呢？雖然實際上的確有利息收入，但這分利息可要減掉3%～5%的通貨膨脹率。事實上，據統計，過去三十年來，台灣每個人手中的每個一百元，每年都會在無形中少掉五元。這麼一說，讀者應該就可以瞭解，將錢放在銀行，表面上有利息收入，事實上卻接近一無所獲。

通貨膨脹這隻吃錢的怪獸慢慢嚙食您的收入和積蓄，一般人不太容易在短時間內發現它的影響；只有些敏感的人會感到錢變「薄」了。但如果將時間拉長，就能察覺它的可怕。

有沒有辦法制住這隻怪獸呢？

就政府而言，可以施用通貨緊縮政策，但這會帶來經濟萎縮等後遺症。就個人而言，是無計可施的，只能利用投資，藉高投資報酬率來使資金加乘，使資金增加的速度快過通貨膨脹率。雖是懶人，但應該不想做窮人；這一生成功與否，全看在這場賽跑中能否獲勝。

這就是懶人爲什麼要投資最重要的理由。

懶人投資

兩點認識

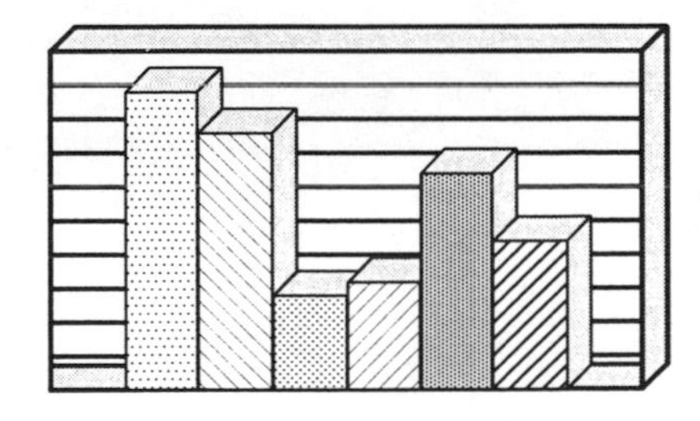

第一個認識　認識各種投資工具

投資方法與工具眾多，從連小學生都懂的存款，到風險極高的期貨，甚至和朋友合資開餐廳或賣鹽酥雞，都算是種投資。

在自序中我們提過，本書對懶人的定義是：

㈠工作忙碌，無暇涉足投資世界；

㈡自認爲收入菲薄，沒資格投資；

㈢認爲投資是門專業的學問，對現代化投資理財存有莫名的恐懼。

冰凍三尺，非一日之寒。雖然明瞭了不能不投資的道理，但懶人們這些根深柢固的觀念，並非一夕之間就可以拔除的。所以，爲了增加懶人投資的自信，一開始就必須針對懶人的特性，找出符合下列條件的投資工具：

㈠投資報酬率高；

㈡只要合宜操作，風險可降至最低；

㈢簡單易懂；

㈣不必花費太多時間操作。

通常，一般人對這些投資工具的看法未定全然正確。譬如：操作股票必須費心看盤、黃金或房地產兼具增值與保值

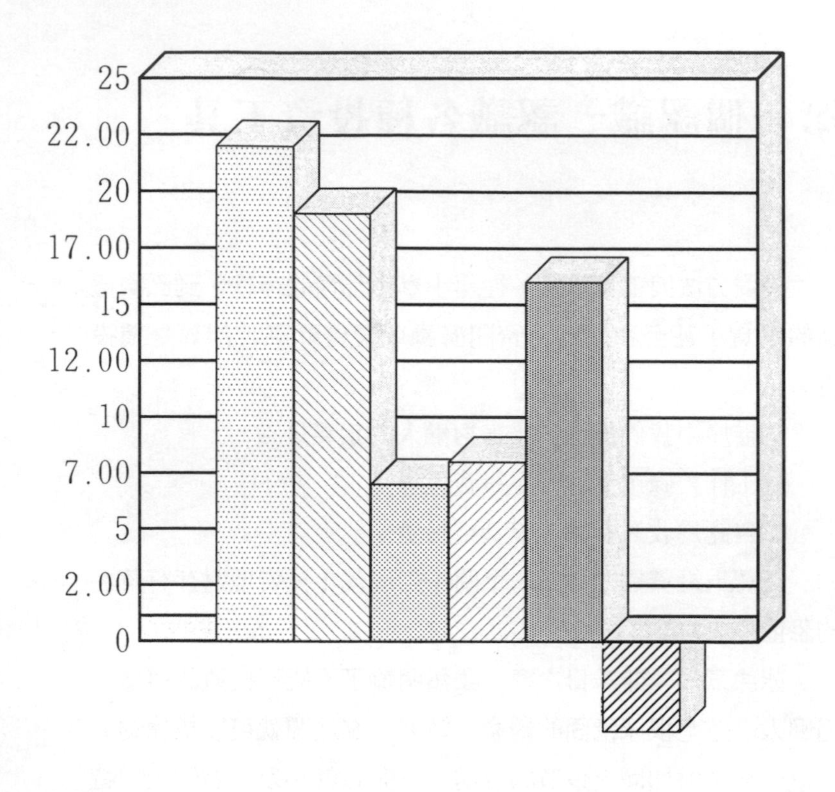

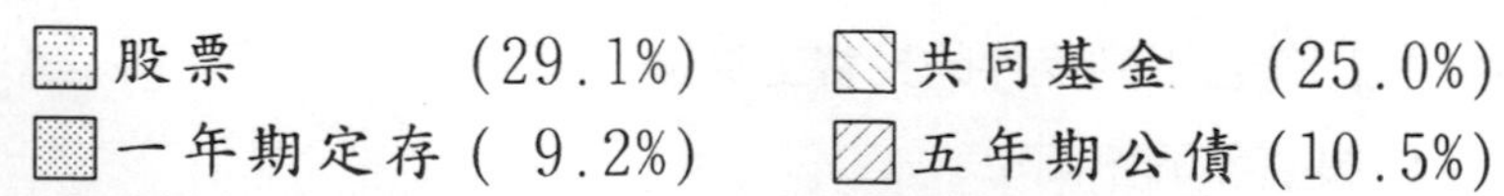

註：①房地產統計期間為74～83年
②共同基金統計期間為85～87年

圖表一　民國70年～86年台灣各項投資工具平均報酬率

性、銀行存款安全又可生利息……等。

所謂「大破大立」，這些觀念必須先做全面性的破壞、拔除，才能建立起革命性的新思維；並在檢視過所有投資工具後，選擇適合自己的投資組合及方法。

①存款

第一節　概述

將現金放在身邊或梳妝檯左邊第三個抽屜，除了給偷盜業創造業績的機會外，沒什麼多大作用。所以除了立即要派上用場的現金之外，一般人都會將錢存在銀行或郵局裡。

因爲大都有利息收入，所以存款當然算是種投資。但即使存款看起來如此簡單，如果太過輕忽，還是會在無形中損失不少收入。

比如，某個初入社會的年輕人想在幾年內靠儲蓄存夠六十萬頭期款，在三峽或樹林買房子，於是每月省吃儉用，存入銀行一萬元。假設他是文史學系畢業，對理財一竅不通，所以存的是一般活期存款。於是乎，依利率5%單利計算，五年之後終於如願以償，銀行存款可達630,000元。但是，如果他是以零存整付方式存款，以利率6.5%複利計算，五年來本利和將可到達691,965元。兩者相較，平空多出61,965元。

第二節　辦理存款業務的金融機構

可以存錢的地方，不只郵局和銀行而已。事實上，即使是銀行，也有不少名目。總括來說，一般人可以將錢存入下列四種合法的金融機構：

金融機構類別	家數	
	總機構	分支機構
一般銀行	41	1,979
中小企業銀行	7	425
在台外國銀行	46	46
信用合作社	54	54
農會信用部	287	287
漁會信用部	27	49
信託投資公司	4	43
郵政儲金匯業局	1	1,539

資料時間：87年12月

圖表二　台灣省金融機構家數

郵局

郵政儲金匯業局，簡稱「郵局」，由於支局林立，有如鄰居一般，所以是大家最感親切的金融機構。

顧名思義，郵局是以遞送郵件為主的機構。這種機構或制度，可以遠溯至公元前一世紀的羅馬帝國。十五世紀時，英國正式創立了第一個郵局。到了一六八五年，美國在紐約創立了世界第一所政府、民間都可使用的郵局。在中國，直到清朝末年，民間才開始設立「民信局」，處理信件、包裹、匯票等業務。後來因為洋人紛紛來華設立郵局，賺中國人的錢，所以光緒皇帝下令設立國營郵局。民國後，沿用前清制度，逐步改良、健全，郵局遂成為我國效率最高、最受肯定的政府機構。

將錢存在郵局，稱為「儲金」，安全性是最高的，這是因為郵局屬交通部，是國營事業，而且將所有儲金全數轉存中央銀行，並未從事放款業務，所以不會有什麼逾放比率，甚至發生擠兌、倒閉的困擾。

銀行

銀行可分為商業銀行和專業銀行。

商業銀行功能齊備，在台灣，除了本國商業銀行外，還有國外前來設置的分行；總計家數，在所有金融機構中名列前茅。

除了商業銀行外，還有專業銀行。既然叫做「專業」，就可知道這種銀行是爲了便利專業信用而設立；以提供其資金調度、處理財務問題爲主要業務。

專業銀行有下列幾種：

㈠農業銀行。

㈡工業銀行。

㈢中小企業銀行。

㈣輸出入銀行。

㈤國民銀行。

㈥不動產信用銀行。

不過，雖然叫做專業，但也提供一般民眾存款等金融服務。

信託投資公司

雖然叫做「信託投資公司」，但也接受一般民眾存款。

信託投資公司最主要的業務，就是依照客戶委託資金或財產的特定目的，收受、運用客戶的金錢；具有銀行吸收存款、代爲保管財產，及辦理抵押、貸款等特性。

目前國內只有三家信託投資公司：亞洲信託、中聯信託、台灣土地開發信託。

合作金融機構與基層金融機構

除了上述各種金融機構外，還有以合作貸款、扶助發展合作事業爲主要業務的合作金庫。此外，還有基層金融機構，如信用合作社，農會及漁會的信用部等。

比較特殊的是，任何人都可以在這些金融機構存款，但是如果想要貸款，必須是會員或社員才行。

第三節 存款的種類

金融機構開放設立後，銀行是愈來愈多了。早年排排坐，擺出制式晚娘面孔的櫃枱人員已不復見。有時一進門，便有位漂亮小姐鞠躬問好。直到今天，筆者都還不太習慣這種待遇。

因爲競爭激烈，所以各家銀行無不施出渾身解數，希望能吸引顧客。一般而言，存款種類大致有下列幾種：

存款類別	開戶對象	最低存款金額
活期存款	任何人	500元
活期儲蓄存款	個人	100元
支票存款	年滿廿歲，往來信用良好的個人與公司	10,000元
定期存款	個人	1,000元
可轉讓定存單	公司	100,000元
定期儲蓄存款	個人	1,000元
綜合存款	任何人	100元
外幣活期存款	年滿廿歲的個人與公司	100美元
外幣定期存款	年滿廿歲的個人與公司	1,000美元

圖表三 各類存款開戶對象及最低存款金額

活期性存款

常見的活期存款，就是存摺存款；又分爲活期存款和活期儲蓄存款。

一般人辦理的存摺存款通常都是活期儲蓄存款；活期存款則通常是公司開戶使用。當然，您也可以辦理活期存款，銀行將十分歡迎。但因爲活期存款的利息比活期儲蓄存款低，所以除了特殊用途，幾乎沒人會辦這種存款。

活期性存款最大的特色，就是可以視自己需要，隨時親自到金融機構櫃枱，或使用金融卡辦理存款或提款。

支票存款也是種活期性存款，但無論存入多少錢，都不計利息。

	活期（儲蓄）存款	支票存款
開户最低金額	100元	通常需10,000元以上
利息	有	無
存款	無限制	無限制
提款	㈠以金融卡至自動櫃員機提領 ㈡憑存摺及原印鑑至銀行櫃台	憑支票委託支付

＊支票存款開户，往來紀錄必須良好

圖表四　各類活期性存款比較

定期性存款

定期性存款又分爲定期存款和定期儲蓄存款。

既然叫「定期」，意思就是存款的時候，必須先和金融機構約定要存多久，到期後才能將錢領回。

定期存款的期限從一個月到數年不等。存款後，金融機構會發給存款人一張定存單。一般定存單必須等到約滿才能連本帶利領回存款，期間如果急需用錢，當然也能解約，但就無法享有較高的利息。另外還有一種可轉讓定存單，雖然也不能提前領回，但可以背書轉讓給別人。不過，必須要存入十萬元以上，才能使用可轉讓定存單，而且到期後不能續存。

爲什麼要捨資金運用靈活的活期性存款而就相對不方便的定期性存款呢？原因在於後者利息較高。而在定期性存款中，定期儲蓄存款的利息通常又高於定期存款。

常見的定期儲蓄存款有下列幾種：

㈠整存整付存款：

雖然利息稍高，但這類存款和定期存款沒多大不同；唯一的差異點在於存款期間不得低於一年。

㈡零存整付存款：

和金融機構約定好一個存款期間，然後金融機構會按月從活期帳戶中轉入一定金額；到期後一次領回。使用這種方式，可說是變相的強迫儲蓄。

圖表五　各類定期性存款比較

	一般定存單	可轉讓定存單	定期儲蓄存款
開戶對象	個人及公司	公司	個人
開戶最低金額	1,000元	100,000元	1,000元
解約	可	不可	可
轉讓	不可	可	不可
到期續存	可	不可	可

㈢整存零付存款：

和零存整付存款恰恰相反，使用這種存款方法，一開始就要存入一筆錢，然後每月領回一部分本金和利息。

㈣存本取息存款：

和整存零付存款有些類似，只是按月支領利息，並不領取本金；到期後，再一口氣領回本金和最後一期利息。

外幣存款

和一般存款沒多大不同，只不過存的是外國貨幣（比如說美金），而不是新台幣。

組合式存款

這類存款便是金融機構爲了因應激烈的競爭而構思出的產物。

使用組合式存款，通常都能在擁有活期性存款靈活性的同時，也享受定期性存款稍高的利息。有些組合式存款，甚至還同時結合了其他投資工具。

第四節　利息

一般人將錢存在銀行，最在意的就是利息多寡。

要想知道哪家銀行利率較高，不必一家家銀行詢問，注意報紙財經版就可以了。不過，報紙所刊載的利率排行版，通常都是指定期性存款而言。

就利息而言，存款人必須認識下列名詞：

固定利率與機動利率

將錢存在金融機構，能拿到多少利息，要看利率而定。利率又可分爲固定利率和機動利率兩種。

所謂固定利率，就是在整個存款期間，利息照存入時的利率計算。而機動利率則是指存款的利率會隨金融機構利率改變而跟著變動。

如果認爲利率未來將調低，則存款人理應選擇固定利率；如果判斷未來利率將走高，則應選擇機動利率。

當然，存款人對利率走向的判斷，是比不過銀行等金融機構的。如果銀行認爲未來利率將走高，就會將固定利率定得較高，希望存款人選擇固定利率；相反的，如果認爲未來利率將走低，則會將機動利率定得較高。

單利與複利

利息的計算方式有單利與複利兩種。

單利是指本金所生的利息不再計入本金生利息。

譬如，存入10,000元，以年利率5%單利計算，則一年後可領到利息500元（10,000×5%），就算期滿後續存，第二年還是只能領到利息500元，本利和11,000元（10,500＋500）。

複利就不同了。使用複利，在一定期間內所產生的利息，可以計入本金，再滾利息。

譬如，存入10,000，以年利率5%計算，則一年後可領到利息500（10,000×5%），期滿後如果續存，則第二年可以領到利息525元（10,500×5%），本利和11,025元（10,500＋525）。

不同的存款，有不同的利息計算方式；請參照圖表六。

年利、月利、日息

依照計算時間的長短，利率可分為年利、月利與日息，所以評估利率時，必須注意是年利率、月利率，或日利率。

存款的利息通常都是用年利率計算的。譬如5%，便是指存一年期的利率為5%；如果只存半年，便只有2.5%；如果只存一個月，更只有0.41%。

分與厘

在計算利息時，還可以聽到「分」與「厘」這兩個名詞。

簡單的說，年利一分就是年利率10%、一厘就是1%；月利一分則是1%、一厘是0.1%；日息一分爲0.1%、一厘爲0.01%。

分與厘的算法，通常使用於民間。

②保險

雖然名目繁多，但保險大致上可分爲保障型、儲蓄型和綜合型三種：

保障型保險

又稱爲「死亡險」，依契約內容，當被保險人亡故或發生重大傷殘時，可獲得理賠。

在所有保險中，保障型保險保費最低。

儲蓄型保險

又稱爲「生存險」，被保險人無須駕返道山，只要到了一定期限，保險公司便會分期或一次付給被險人一定的金額。

在所有保險中，保障型保險保費最高。

綜合型保險

綜合型保險的給付條件有下列兩種：

㈠被保險人死亡或重大傷殘。

㈡保單期滿，但被保險人依然健在。

到期可領回金額	每月需存入金額					
	10年	15年	20年	25年	30年	35年
500萬	28,720	15,683	9,543	6,136	4,075	2,760
600萬	34,464	18,820	11,451	7,364	4,890	3,312
700萬	40,208	21,957	13,360	8,591	5,705	3,864
800萬	45,952	25,093	15,268	9,818	6,520	4,416
900萬	51,696	28,230	17,177	11,046	7,334	4,968
1,000萬	57,440	31,367	19,085	12,273	8,149	5,520
1,100萬	63,184	34,503	20,994	13,500	8,964	6,072
1,200萬	68,928	37,640	22,902	14,728	9,779	6,624
1,300萬	74,672	40,776	24,811	15,955	10,594	7,176
1,400萬	80,416	43,913	26,719	17,182	11,409	7,728
1,500萬	86,160	47,050	28,628	18,409	12,224	8,280
1,600萬	91,904	50,186	30,536	19,637	13,039	8,832
1,700萬	97,648	53,323	32,445	20,864	13,854	9,384
1,800萬	103,392	56,460	34,353	22,091	14,669	9,936
1,900萬	109,136	59,596	36,262	23,319	15,484	10,488
2,000萬	114,880	62,733	38,170	24,546	16,299	11,040

利率以7%計算

圖表七　儲蓄保險時間與每月需繳金額對照表

所謂「天有不測風雲」，誰也不敢打包票自己不會發生什麼意外。一旦發生意外，嬌妻幼子，要靠何人？所以保險應運而生。

早年，在國人的觀念裡，保險是項挺觸楣頭的事情。試想，在觀念還未開化的舊社會裡，如果有保險推銷員登門說：「如果您老往生了，我們保險公司將會如何如何……」，則不被亂棒打出者幾希。

隨著社會開化，一般人都已能接受這種觀念。但就投資報酬率而言，參加保險，主要還是著眼於意外發生後的保障，而不是辛苦繳了一輩子保費，只爲了風光大葬，更不能當成長期投資的標的。要知道，無論多動人的數據，也禁不起長期通貨膨脹的腐蝕。

圖表七就是參加儲蓄型保險，到期可領到的金額與每月須繳納的金額，讀者可自行斟酌（記得要考慮通貨膨脹的因素）。

③互助會

第一節　跟會的好處與風險

互助會是個人人耳熟能詳的名詞；事實上，也不是華人獨有的產物。在美國，來自中、南美洲的移民，也有類似互助會的理財行為。只不過，他們是採用輪流得標的方法來籌措創業費用，不必競出標金，爭得頭破血流。

由此可見，互助會的第一個好處，就是一次可以得到遠超過每月收入的一大筆錢。當想結婚、購屋或創業時，便可以標會使用；如果人際關係良好，甚至可以自己起會，連利息都省下來。

當然，也可以向銀行貸款。但銀行肯借錢給您，總是會要求抵押，以保障這筆貸款能安全回收。雖然因為現在金融業競爭激烈，各家銀行紛紛提出各種名目的小額信用貸款，但還是要往來紀錄良好、工作穩定等條件，感覺上，總不像互助會那般方便而親切。

就算沒有急需，跟會也可以強迫自己儲蓄。為什麼說是「強迫」呢？因為每月時間一到，會首有義務打電話或親臨府上，通知您該繳錢了。由於互助會的成員都有親戚、朋友、同事、鄰居等關係，如果您繳不出錢，很快的您生活圈中重要的往來人士，都會知道這個消息。所以除非萬不得已或存心倒會，否則沒人肯丟這個臉。

爲什麼儲蓄要選擇跟會呢？這是因爲跟會的利息收入高於將錢存在銀行。依現在行情來說，一萬元的會，每月標個二、三千元，是極爲尋常的事情。不過，以投資報酬率來說，還是比不上股票。萬一比得上，可也不要沾沾自喜，因爲這往往就是倒會的先兆。

雖然有不少好處，不過互助會也有極大的風險——倒會。不論會首或會員，這些平常往來密切，看來四平八穩的親朋好友，都很有可能會一走了之。如果是會員倒會，有擔當的會首還會負起代爲清償的責任，如果會首自己逃之夭夭，這場會十之八九就玩不下去了。

也許是世風日下，人心澆薄，這些年來，倒會消息頻傳。目前法令規定，即使會首跑路，已得標的會員，也必須有限度的負清償責任。但即使如此，恐怕還是會有涉訟等撕破臉的情形發生。

第二節　互助會運作方式

互助會的靈魂人物就是會首。會首為了籌措金錢而起會，享有收受頭期會款而免付利息的優惠，但也要克盡開標、收會款等義務。

除了會首之外，參與同一互助會的成員，都是會員；一般都稱為「會仔腳」。

一般的互助會都是每月開標一次。屆時會首必須一一通知會員，在指定時間及地點競標。當然，志在儲蓄的會員可以放棄這個權利。競標時，每人出一個價錢，由價高者得標。

至於標會的方式，可分為內標與外標。

台灣社會一般常見的標會方式是內標。所謂內標，就是指每期繳交的會款，絕對不會超過會金。比如說，跟10,000元的會，如果是活會，則每期繳交金額為會金減去得標標息。若某會員以3,000元得標，則其他活會會員只須繳交7,000元就可以了；死會會員則按期繳交10,000元。

至於外標，每期繳交的會款不會少於會金。同樣以10,000元的會來說，活會會員每期必須繳納10,000元；例如某會員以3,000元得標，從下一期開始，每期必須繳交會金加上標息13,000元。

和內標比較起來，以外標方式競標的互助會，得標者能得到較多的會款，所以較常見於以生意人為主要成員的互助會。

爲了使互助會更具有安全性與保障性，改良式的「支票會」應運而生。

所謂「支票會」，和一般互助會並沒有什麼不同，唯一差異在於會金繳納的方法：

㈠會首在收取頭期款時，必須同時交給會員一張日期空白，但載明抬頭、會金金額的畫線支票。

㈡得標的會員，必須依會員總人數開出相等的畫線支票。支票上日期空白，但須載明死會會金。會首拿了這張支票後，再向各活會會員換取一張以得標者姓名爲抬頭的即期畫線支票。

㈢得標的會員，可同時提領：

①會首的支票（填上日期）；

②活會者的支票；

③各死會會員的支票（填上日期）。

④房地產

在台灣，房地產的價值始終被高估。一般人都認爲投資房地產，可以兼具增值和保值的功效。

在民國七十九年以前，大約每隔五、六年，房地產就會上漲近一倍，經換算，每年約增值13％～15％。雖然看起來還算不錯，不過這是政策失當、惡性炒作，及國民所得提高等因素影響的綜合結果（國內經濟環境與房地產市場高峰期對比情形，請參照圖表八）。

不過，正因爲這一波波的漲幅，將台灣帶入高房價時代；尤其在七十六年至七十九年之間，房地產更一次飆漲3～5倍,將房價推離基本面太遠。而台灣的經濟成長率卻無法再大幅提升，使房地產的購買力低於房價，也造成了不少買不起房子的無殼蝸牛族。

但是，雖說無殼蝸牛族不少，但就整體而言，台灣的房屋自有率已經超過百分之八十。而這種需求會愈來愈低，爲什麼呢？因爲隨著社會的進化，一般家庭小孩的數目愈來愈少；換句話說，未來房地產市場潛在的客戶數目將會銳減。因此，在價格偏離基本面，而需求逐步減低的情況下，看不見未來房地產大幅增值的空間。

年度	經濟成長率（%）	GNP（美元）	年度	經濟成長率（%）	GNP（美元）
60	13.0	443	74	5.0	3,297
61	13.4	522	75	11.6	3,993
62	12.8	695	76	12.7	5,275
63	1.2	920	77	7.8	6,333
64	4.9	964	78	8.2	7,512
65	13.7	1,132	79	5.4	7,954
66	10.3	1,301	80	7.6	8,788
67	14.0	1,577	81	6.8	10,202
68	8.2	1,920	82	6.3	10,852
69	7.1	2,344	83	6.5	11,597
70	6.2	2,669	84	6.0	12,396
71	3.6	2,653	85	5.1	13,054
72	8.5	2,823	86	6.8	13,198
73	10.6	3,167	87	4.8	12,040

*反白代表該年房地產市場進入高峰期

圖表八　國內經濟環境與房地產市場繁榮期對照表

而在高房價的時代中，以收入並不多的懶人族來說，若要勉強購置自住的房屋，可能在未來的數十年都必須蒙受貸款沉重的壓力，更遑論投資房地產了。

⑤黃金

黃金是一種亮黃色的金屬，因爲稀有且不會腐蝕或生銹，所以自古以來就是貨幣制度中的要角。一八二一年，英國首先以黃金作爲標準貨幣。這種金本位制度，從一八七〇年代開始，陸續被許多國家採用。

金本位制度已在一九三〇年代崩潰，但還是國際貨幣制度中極重要的一環。如美國，便是透過貨幣法令，以黃金來規範美元的價值。也可以說，黃金被幾個主要國家的中央銀行當成是最後支付的工具。但自一九七一年美國宣布停止美元可兌換黃金後，黃金就很少用於國際交易或清算。

在金本位制度盛行時，一個國家國際收支的經常帳赤字的上限，決定於可處分外匯及黃金準備加上可由國外貸入的金額。但隨著經濟制度進化，這種現象已成過去。一九六九年，幾個經濟主要國家討論出一種全新的國際貨幣辦法，稱爲「特別提款權」。參與特別提款權的國家必須接受另一國家在一定限額內的融通。也就是說，特別提款權就像黃金一樣，可在各國中央銀行之間直接移轉；也可用於外匯交易上，獲得任何交易活絡國家的貨幣。

這便是現在國際貨幣制度改革的第一步，貨幣制度完全不仰賴黃金的時代終有一天會來臨。但這卻使黃金的重要性逐年降低，造成金價低迷不振。

金價持續走低的另一個因素，是世界局勢逐步穩定。還記得，當越南赤化的時候，時常可以聽到富翁以一箱金條爲代價，只求能在一艘破船上買個位置，逃離越南的消息。

雖然目前世界上很多地區還藏伏著衝突的不安因素，但用黃金保命的情節卻不容易再現。以國人而言，可以爲了逃避共產黨，靠黃金逃到台灣來，難道還能爲了逃避解放軍而靠黃金逃到綠島去嗎？話又說回來，就算五星旗真的高掛台北總統府，難道新台幣或股票真會成爲廢紙嗎？

綜合以上因素，已走弱將近二十年的金價，必然還會持續走低。投資黃金的投資報酬率，不但低於通貨膨脹率，甚至是負值。所以只能將黃金當成一種飾品，而不是良好的投資標的。

⑥債券與票券

債券

個人有可能會缺錢，企業或政府也可能會缺錢。當企業或政府缺錢的時候，有時會發行債券，約定償還期限及利息，向社會大眾募集資金。也就是說，債券就是將錢借給企業或政府，所得到的借據。

一般人可以買賣以下三種債券：

㈠公債。

所謂「公」，便是指政府公家，所以公債便是由中央政府或地方政府發行的債券。

㈡金融債券。

指由銀行等金融機構發行的債券。

㈢公司債。

指由企業發行的債券；又可分爲下列三種：

①可轉換公司債。

②有擔保、無擔保公司債。

③記名、無記名公司債。

債券的買賣與未上市股票差不多，可以在集中市場中進行，也可以在店頭市場，經由證券商、投信公司、銀行、票券金融公司等仲介議價成交。

債券價格的波動，主要受利率影響。利率調高時，債券價格價下跌；利率下降時，債券價格會上漲。

所以，買入債券後，可能的獲利直接來自於利息；也可來自於價格波動所產生的價差。但因爲債券是種風險較低的投資工具，所以相對於其他投資工具，投資報酬率僅高於將錢存在銀行；同時價格波動的幅度也遠遠低於股票或共同基金，並不能算是種良好的投資工具。

債券之中，以公債最受歡迎。這是因爲發行公債的單位是政府，所以風險性最低。

民國七十八年之前，公債交易並不活絡；但交易額成長飛速。八十一年後，交易額每年均占市場總交易額的99%以上。

但政府發行公債，並不是直接賣給社會大眾，而是委託相關機構進行投票、開標。由於金額動輒上百億元，所以一般民眾是無法聞問的。如果想買公債，通常都向銀行、郵局、票券公司或證券商申購；最低申購價十萬元。

票券

票券與債券類似，也是借貸雙方從事短期資金往來的憑證，但到期日在一年以內，期限較短。

個人、企業或金融機構、政府，都可以利用票券買賣來週轉、運用資金。常見的票券，有商業本票、國庫券、銀行承兌匯票、可轉讓定期存單……等。

也正如同債券一樣，票券的風險性極低，但投資報酬率也同樣僅高於銀行存款而已，也不能算是良好的投資工具。

⑦共同基金

第一節　概說

共同基金，就是「投資信託」。投資信託這種專業投資機構，募集廣大投資人的資金，進行投資活動。而投資人買入的基金，也可稱爲「受益憑證」。

共同基金萌芽於美國。在台灣，雖然起步較晚，但發展迅速。目前（民國八十八年）國內已有十七家投資信託公司，它們發行的基金大約兩百個，管理的總金額超過八千億元，其中在集中交易市場掛牌的受益憑證（封閉型基金）即有：光華鴻運、國際國民、永昌永昌、富邦富邦、中小型、德信大發、元大中國、群益店、富邦店、大信基金。

爲什麼投資人不自己操作，而要將寶貴的金錢交給投資信託機構呢？這無非是相信這些專業投資機構具有自己欠缺的專業素養及豐沛資金，將錢交給他們，可以爲自己創造出更佳的投資報酬率。

但是，在台灣，投資共同基金，卻不見得可以達到這個目的。首先是台灣共同基金發展太過迅速，市場上基金籌碼暴增，而菜鳥經理人也被迫提前踏上火線，這些因素，使基金不但很難打敗大盤，甚至常出現淨值低於票面的現象。

此外，因爲共同基金必須負擔高額的經理費、保管費等費用，並且頻繁進出市場也必須付出高額的證交稅及手續費，而閒置的預備金完全沒有投資效益，卻也必須支付管理費。凡此種種，都影響著基金的投資報酬率。

共同基金運作的盈虧，要由所有投資人共同承擔。無論基金之後如何成長，獲益還是歸所有投資人分享，但投資信託公司還是要收取管理費、手續費以及依契約規定的紅利。所以，如果投資人想申購基金，就必須承擔銷售費：

一、申購價格一百萬元以下，爲1%。

二、申購價格一百萬元至一千萬元，爲0.5%。

三、申購價格一千萬元以上，爲0.2%。

綜合以上所述，對台灣投資人來說，共同基金並不是高投資報酬率的保證。而且，並不是所有基金都穩健經營，毫無風險。

例如：民國八十七年下半年國內上市公司頻頻傳出爆發財務危機，導致相關股票連續無量重挫。結果發現大多數的共同基金都持有這些「地雷股」，嚴重影響其淨值績效。

此外，有些基金根本就投資期貨等高風險性的投資標的。如這些年來名噪一時的「避險基金」，操作手法不但不避險，反而從事衍生性金融商品等高風險操作。前幾年，避險基金成效卓越，索羅斯等名家也因此名震寰宇。以索羅斯操盤的「量子基金」為例，自一九八七年成立以來，至一九八八年為止，十年間美元報酬率高達1,520.51%，為同期S & P 500報酬率的三倍多。

但因為高利潤必然伴隨高風險，近年來，避險基金鋒芒大減，有不少基金已開始退還投資人資金。

第二節　組織形態

依組織形態的不同，共同基金可分爲「公司型」和「契約型」兩種。

公司型投資信託

和一般企業與股東之間的關係差不多，公司型投資信託，是指基金成立一家投資公司，而由投資人認購股份，而基金的收益將依投資人持股比例分配。

契約型投資信託

契約型投資信託，是指投資信託公司發行受益憑證，募資成立共同基金。我國共同基金均屬此類。

依法令規定，投資信託事業的運作部門與財產保管是分離的，基金只負責操作，而財產的保管及會計程序，均交給專業保管機構負責。

在這種情況下，基金的資產必須由獨立的會計師定期查核，並受到證期會的監督。

因爲操作與資產保管是分開的，所以投資人的資金受到保障，但相對的，全體基金投資者也要共同負擔經理費與保管費。

㈠經理費：按基金每日淨值，以年約1%～1.5%的比例，逐日累加，並於每月最後一個營業日由基金撥付。

㈡保管費：按基金每日淨值，以每年約0.2%～0.5%的比例，逐日累加，於每月最後一個營業日由基金撥付。

第三節　交易及發行形態

依交易及發行方式的不同，共同基金可分爲「開放型」和「封閉型」兩種。

開放型共同基金

開放型共同基金，是指可以隨時以基金淨值爲價格買進基金；而基金投資人也可以要求基金管理單位買回，所以基金的總金額常會變動。

封閉型共同基金

封閉型共同基金，又稱「固定型共同基金」，是指基金的總金額不變，如想購買，必須向原基金持有人購買；同時也不能要求基金管理單位買回。也就是說，這類型基金的買賣行爲，必須在集中市場中進行。

集中市場中基金的買賣，與上市股票相同，但證券交易稅較低，僅爲0.1%（手續費爲0.1425%）。

開放型共同基金，因爲要應付投資人買回的要求，所以必須隨時有一定額度的現金準備，相形之下，無此顧慮的封閉型共同基金資金運用要靈活許多。

基金淨值

圖表九　封閉式基金與開放式基金之比較

比較項目	封閉式基金	開放式基金
發行單位總數	固定	變動
買賣方式	在證券交易所掛牌，投資人委託證券經紀商買賣。	投資人直接向基金公司或其委託機構申請買賣。
買賣價格	由市場決定。	以基金淨值做為買賣價格。
可投資比例	可100%投資。	最高95%，必須保留部分現金，以備受益人申請買回。
交易成交	買進、賣出的手續費皆為0.1425%；賣出時須繳納證交稅0.1%。	買進費用約為淨值的1.5%；賣出費用約為淨值的1%。

以當日基金總資產的市值，扣除總負債，再除以發行在外的總數，這結果就是當日基金的每單位淨值。

每天收盤後，都會計算出基金淨值並公布，開放型共同基金便以此做爲買賣價格的基礎。而封閉型共同基金也依此計算出折價率或溢價率，但實際價格是由買賣雙方競價決定的，大部分封閉型共同基金的實際價格都低於基金淨值（折價）。

溢價與折價

封閉型共同基金的市價高於淨值時，稱爲「溢價」；市價低於淨值時，稱爲「折價」。將市價減去淨值，再除以淨值，這個百分比就是基金的溢價率或折價率。

折價率高的封閉型基金較適合投資。例如，折價率如爲20%，則等於只要以八元的價格，就能買到價值十元的資產。

封閉型轉開放型

依規定，國內的封閉型共同基金，如發行已達兩年以上，且連續二十個營業日的移動平均折價幅度達20%；或將過去二十個營業日的淨值之和除以市價之和，計算出來的比率低於80%，則投資信託公司就必須在一定時間內召開受益人大會，討論是否轉爲開放型共同基金。

如果超過二分之一的受益人未出席受益人大會，則宣告流會。流會後，基金繼續在集中市場中交易，但每三個月會開放一個交易日，供基金持有人申請贖回。

如果出席者超過二分之一，就會舉行表決。除非超過二分之一的出席者同意維持封閉型基金，否則必須在一個月內轉爲開放型共同基金。

第四節　投資目的

依不同的投資目的，基金可分爲下列幾種：

積極成長型基金

積極成長型基金不計一切手段追求最大的利潤；在多頭市場中往往能有極佳的績效；但當市場表現不佳時，損失也會比其他共同基金慘重，所以在所有基金中風險也最高。

成長型基金

追求長期而穩定的增值利益（利益來自於資本利得及占一小部分的股利收入），所以風險較低。目前國內基金大都屬於此型。

成長＆收益型基金

成長＆收益型基金以投資成長性良好的績優股及可轉換公司債爲主，風險又比上述兩種爲低，適合比較缺乏風險承受能力的投資人。

收益型基金

收益型基金風險低，適合退休人士，尤其是心臟血管疾病患者等受不得刺激的投資人；投資標的是績優股、特別股、債券等。

平衡型基金

與成長%&收益型基金類似，差別在於平衡型基金同時投資股票和債券。

第五節 海外基金

海外基金，是指外國投資信託公司發行的基金，並且以外國證券爲投資標的。所以投資人想從事國外投資，捷徑就是買入海外基金。

民國七十六年七月十五日，政府放寬外匯管制，證券投資顧問公司如春後春筍般成立，並大力引進海外共同基金。目前國內海外共同基金大約有二、三百種。

簡單的說，海外共同基金與本國共同基金最大的不同，在於本國共同基金成立的目的在於供本國人投資；海外共同基金設立的宗旨，則是在吸收本國以外全球投資人的資金。更簡單的區別是，本國共同基金在國內註冊，而海外共同基金註冊地不在國內。

依規定，目前海外基金不能直接在台灣發行，所以投資人如要買進海外基金，必須經由國外投資信託公司在台灣設立或合作的投資顧問公司，或透過本地銀行「指定用途信託」方式投資。

此外，政府對海外基金還有許多限制。民國八十八年四月，中央銀行修訂「指定用途信託資金投資國外有價證券」相關規定。未來，指定用途信託資金投資國外有價證券（海外基金）除不得投資大陸證券市場外，中國政府、公司在其他外國證券市場交易的股票與債券，也不得投資。此外，另增列兩項規定，包括個別基金投資衍生性金融商品的總金額，不得超過其資產淨值的15%，且必須成立滿兩年。

投資海外基金，必須全盤瞭該基金的合法性及投資手法。其實，對懶人來說，投資海外基金，是件高風險，而且可能吃力不討好的事。

但投資海外基金也有項好處：因爲我國稅賦採屬地主義，所以買入海外基金的獲利，可不必繳稅。

⑧期貨

第一節　簡介

要辦喜事的時候，最大的節目便是舉辦喜宴。因爲大家通常都是選黃道吉日結婚，爲了避免到時候訂不到酒席，通常都會提前向餐廳下訂。

期貨的原理也差不多。所謂期貨，是指買賣雙方約定在某一特定時間，以議定的價格運交某一標準化品質、數量的商品的一種契約交易。

期貨買賣的標的物可分爲下列數類：

㈠商品期貨：實際的商品；又可分爲農產品、金屬產品、原油及原油相關產品。

①農產品：包括玉米、小麥、黃豆、燕麥等穀類，與棉花、咖啡、橡膠等經濟作業，還有活牛、活豬等牲畜。

②金屬產品：包括黃金、白銀、白金等貴重金屬，還有銅、鋁、錫、鉛、鋅等工業金屬。

③原油及原油相關產品。

㈡外匯期貨：因應規避匯率風險而產生的一種金融商品，

目前台灣已經開放美元、馬克、日圓、英磅、瑞士法郎的匯率期貨。

㈢股價指數期貨：由期貨交易所選樣而設計出期貨合約，作爲股市的避險工具。

㈣利率期貨：因應規避利率浮動風險而產生的一種金融商品；買賣的標的，是各種公債及定存單的利率。

如果是投資股票，必須要先買進，然後才能賣出。即使運用信用交易方式，先行融券賣出，也有不少限制。而買賣期貨可就靈活多了，隨時可買可賣，不受限制。

在所有投資工具中，由於期貨採取保證金交易方式，投資人繳付保證金後，便可進行交易，槓桿倍數效果很高，所以可算是投資報酬率最高的一種，甚至可高達十倍，可以說是賭性十足、喜好以小搏大的投資人最喜愛的投資工具。

目前世界上有不少期貨交易市場；主要有：

紐約棉花期貨交易所（CSCE）

紐約商品交易所（NYCE）

紐約商業交易所（COMEX）

芝加哥期貨交易所（CBOT）

芝加哥商品交易所（CME）

英國倫敦國際金融期貨交易所（LIFFE）

英國倫敦金屬交易所（LME）

英國國際石油交易所（IPE）

法國期貨交易所（MATIF）

東京工業品交易所（TOCOM）

東京穀物交易所（TGE）

新加坡國際金融交易所（NYMEX）

第二節 投資期貨的風險

投資期貨，雖然具有以小搏大的好處，但不但需要足夠的專業知識與操作技巧，還必須蒙受著極大的風險：

㈠市場風險：

期貨市場不如股票市場活絡，所以行情下跌的時候，想賣卻賣不掉的情形會更嚴重。

㈡交割風險：

投資期貨，即使虧了，也不能像投資股票一樣，存著總有一天等到你的心態，長抱在手，等待行情回春。這是因爲期貨有到期日，屆期如無法賣出，就必須辦理現貨交割。譬如，買進十噸玉米，如無法在到期日之前賣出，到時候就會活生生的擁有十噸堆積如山的玉米。下半輩子，恐怕就要靠賣烤玉米或爆米花過日子。

㈢匯率風險：

匯兌是波動不定的。當一美元兌換三十四元新台幣的時候，投資一萬美元的期貨，必須付出三十四萬元新台幣。一段日子之後，這批期貨的價值漲了五百美元，但同時台幣也升值，一美元只能兌換三十元新台幣。如此一來，雖然期貨漲了五百美元，但一萬零五百美元只能兌換三十一萬五千元新台幣，無形之中，就虧了二萬五千元。

第三節　期貨市場的運作

早在日據時代，台灣就已有期貨交易。那時候主要的商品是稻米。

民國七十年左右，地下期貨開始風行，並演變成業者自行做莊，與客戶對作的變相賭博。雖然政府強力取締，地下期貨卻始終無法根絕，甚至膨脹至三、四百家之多。

民國八十七年七月二十一日，台灣正式成爲期貨交易所（正式名稱爲「台灣期貨交易所股份有限公司」）；並定出規則如下：

㈠稅率爲千分之零點五，買賣雙方均需繳納。

㈡買賣一口，買賣雙方均需繳納八百元的的手續費。

㈢契約價格以當時期貨指數每點二百元計算。

㈣交易保證金爲契約價格的10％～15％。

㈤平倉部分，個人在一百口以內、法人在三百口以內。

㈥不做期貨選擇權。

其中，所謂「口」、「平倉」、「期貨選擇權」的意義如下：

口

口，是期貨交易的單位，就如同股票的「張（一千股）」。

平倉

平倉，是指在合約到期日前，先買入者賣出，或先賣出者回補。但賣出與回補的數量，必須與合約所載一致。

期貨選擇權

期貨選擇權的交易與一般期貨交易相同，但不須繳交任何保證金，只要以現金繳交一些權利金即可。

期貨需每日結算，如果情勢不利，還會被追繳保證金。但期貨選擇權不但不用再拿錢出來，還可繼續保有選擇權。

如果想投資期貨，就必須帶著身分證及印章，到信譽良好的期貨公司辦理開戶。在繳納保證金後，便可以開始進行買賣。

買賣期貨，稱爲「下單」或「投單」。在下單時，必須寫明下列各項：

㈠買賣多久（幾個月）？

㈡買入或是賣出？

㈢新買賣或是結清前一次交易？

㈣買賣幾口？

㈤以市價買賣或是限單買賣？

期貨公每日會做結算。當買賣契約成立後，期貨公司每天都會計算出收盤結算價與契約價格上的價差。如果客戶帳戶內餘額低於維持保證金的水準，期貨公司就會立即對客戶發出追繳保證金通知書。客戶若未於規定時間補足，期貨公司有權強制客戶平倉。

所謂維持保證金，是指期貨投資人帳戶中所需維持的最低保證金額。

⑨外匯

想要投資外匯，有下列幾種方式：

㈠外幣現鈔。

㈡外幣存款。

㈢外匯保證金交易。

㈣貨幣型基金。

投資外匯的原理看起來十分簡單，譬如，買入美元，等美元升值後再賣出，便可獲利。但想要判斷貨幣升、貶值走勢，是門極高深的學問，所以想要投資外匯，除了必須具有相對較多的資金外，面臨的風險也不小。即使不賺不賠，銀行也會收取開戶、下單等費用。所以這也不是適合於懶人的投資工具。

不過，雖然不投資，但偶爾會有出國旅遊換匯的需求，所以也必須有些基礎的認識。

我們到銀行兌換外幣時，可以看到牆上掛著液晶顯示的外匯匯率表；上頭顯示著各種貨幣的銀行買入價與銀行賣出價，意思就是銀行向你買入外幣，或賣外幣給你的價格。

這時候你會發現，銀行賣出的價格一定高於買入的價格。這是因為銀行也要賺錢呀，賣出價與買入價之間的價差，就是銀行的利潤。

再看看外匯匯率表，上頭標示的幣別有美金、美金現鈔、澳幣、加拿大幣、瑞士法郎、馬克、法國法郎、英鎊、港幣、港幣現鈔、義大利里拉、日幣、日幣現鈔、荷蘭幣、瑞典幣、新加坡幣、比利時法郎、歐元、馬來西亞幣、紐西蘭幣、泰國銖等。有點疑問：一九九九年一月開始，歐元已開始發行，怎麼還會有什麼馬克、法郎？

事實上，歐元成立後，除了英國、丹麥、瑞典、希臘四國以外，所有歐洲貨幣都已被取代，但在二〇〇一年十二月三十一日前，尚可持有這些被取代的歐洲貨幣，或按固定比率轉換。二〇〇二年七月一日之後，歐幣將走入歷史。

⑩收藏品

收藏品的範圍極廣，從不需要花什麼錢的舊瓶蓋、郵票，到價值不菲的骨董、字畫、珠寶，都可當成收藏品。

愈是高級、藝術性的收藏品，愈需要行家才能品鑑。依我來看，畢卡索那些鼻子長在眼睛上的名畫，和我家讀國小三年級的小姪子畫的頗爲神似，但我小姪子美術成績只能拿乙下，而畢卡索畫作的價值會活生生嚇死你。

藝術品如此，骨董也是如此。眼看是宋代名瓷，事實上卻是鶯歌出品。就算投資人拿得出鉅額資金投資，也未必具有品鑑的眼光，能保證不買到贗品。

即使是真品，因爲流通管道閉塞，而且變現不易，所以並不是適用於每個人的投資標的。筆者建議，人無癖不樂，有個集郵的小嗜好是不錯的，但品味千萬別突然高雅起來，自不量力投資什麼骨董、字畫。

⑪認購權證與存託憑證

認購權證

我國於民國八十六年七月正式開放認購權證這種衍生性金融商品。

認購權證，是指持有人有權在特定時期，以約定價格向發行單位行使股票認購權的證書，但屆期後，持有人並沒有義務一定要購買。

當特定期間內股票狂飆，遠逾約定價格時，持有認購權證，就可以大撈一筆。但屆期股價如低於約定價格，則持有者必然不會行使認購權，則這認購權證將一文不值。

我國於民國八十六年七月正式開放認購權證這種衍生性金融商品。同年九月四日，太電、大華國巨等第一批認購權證正式上市。但掛牌上市後，交投並不熱絡，成交量遠比預期中的小。

存託憑證

存託憑證，是指國外發行公司爲使其股票能在其他國家的證券市場交易，而委託該國的銀行或信託公司在當地發行一種可以代表該股票權利的替代性證券。

存託憑證的交易方式、漲跌幅限制等作業方式，都比照集中市場辦理。但目前在台灣掛牌的存託憑證，只有屬於日月光集團的福雷電子而已。

⑫股票

第一節　股票是什麼？

所謂股票，就是表示持有人對股票發行公司擁有股權的一種憑證。

公司爲什麼要發行股票呢？主要是爲了募集大眾的資金，來擴大經營的規模與範圍。而股票持有人所擁有的股權可以授與或轉讓，因此產生了買賣行爲，進而形成了股票市場。正因爲股票市場的表現，具體反映了整體經濟環境，所以常叫股票市場爲「經濟櫥窗」。

也就是說，股票就是發行公司依公司法、證交法規定，以公開說明的方式募集資金，並發給投資人的一種有價證券。

依公司法第一百六十二條規定，股票發行，要由董事三人以上簽名、蓋章，並經主管機關或其核定之發行登記機構簽證，同時要載明下列事項：

㈠公司名稱。

㈡設立登記或發行新股變更登記之年、月、日。

㈢發行股份總數及每股金額。

㈣本次發行股數。

㈤股票發行之年、月、日。

當投資人擁有股票時，就成爲這家股票發行公司的股東，並擁有下列權利：

㈠股票移轉——可自由買賣。

㈡盈餘及資產分配。

㈢優先承購新股。

㈣出度股東年會。

㈤檢查帳冊並瞭解公司營運情況。

㈥參與公司管理經營。

㈦領取股息、現金股利。

㈧選舉及被選舉董、監事。

在台灣，買賣上市股票的市場稱爲「集中市場」；買賣上櫃股票的市場稱爲「店頭市場」。

第二節　上市股票與上櫃股票

上市股票

所謂的上市股票，就是指在集中交易市場公開掛牌買賣的股票。

依我國證期會規定，一般股票要申請上市，必須符合「有價證券上市審查準則」中所列的標準：

㈠自設立登記後，已逾五個完整會計年度。

㈡最近二個會計年度決算之實收資本額均達新台幣三億元以上。

㈢營業利益及稅前純益符合下列標準之一，且最近一會計年度決算無累積虧損者：

①營業利益及稅前純益占年度決算之實收資本額比率，最近二年度均達6%；或最近二年獲利能力平均達6%以上，且最近一年較前一年度為佳。

②營業利益及稅前純益占年度決算之實收資本額比率，最近五年度均達3%以上。

㈣記名股東人數在千人以上，其中持有股份一千股及五萬股之股東人數不少於五百人，且其所持股份合計占總股數20%以上或一千萬股以上者。

㈤董事、監察人及持股已發行股份總額10%以上股東，須提交持股總數之50％集中保管。

如果發行公司是屬於科技事業，並符合下列條件者，股票也可上市：

㈠申請上市時之實收資本額達新台幣兩億元以上者。

㈡取得產品開發成功且具有市場性，經提出中央事業主管機關出具之明確意見書者。

㈢由承銷商書面推薦者。承銷商包銷其股票，並於契約中保留50％以上自行認購。

㈣中請上市會計年度財務預測，最近期財務報告及其最近一個會計年度財務報告之淨值不得低於實收資本額之三分之二。

㈤記名股東人數在一千人以上，其中持有股份一千股至五萬股之股東人數不少於五百人。

㈥董事、監察人及持股超過已發行股份總額5％以上股東或以專利權或專門技術出資而在公司任有職務，並持有公司申請上市時已發行股份總千分之五以上之股份或十萬股以上股東，須提交持股總數之50％集中保管。

此外，如申請股票上市之公司屬於事業主管機關認定之重大事業，並符合下列條件，股票也可上市：

㈠由政府推動創設，並有中央政府或其指定之省（直轄市）級地方自治團體及其出資百分之五十以上設立之法人參與投資，合計持有其申請上市時已發行股份總額50%以上。

㈡申請上市時之實收資本額達新台幣十億元以上。

㈢記名股東人數在一千人以上，其中持有股份一千股至五萬股之股東人數不少於五百人，且其所持股份合計占總股數20%以上或一千萬股以上。

項目	上市股票	上櫃股票
款券劃撥	強制	強制
漲跌幅度	7%	7%
交易方式	集中競價	集合議價，以最合理價格成交
撮合時間	每90秒2次	每30秒1次
手續費	0.1425%	0.1425%
證交稅	0.3%	0.3%
證所稅	無	無
信用交易	有條件可	有條件可
交割時間	次日	次日

圖表十　上市股票與上櫃股票之比較

上櫃股票

上櫃股票，就是指雖然不符上市條件，還卻符合有價證券上櫃條件，而在櫃枱買賣中心進行買賣的證券。

買賣上櫃股票的市場，稱爲「店頭市場」，所以上櫃股票又稱爲「櫃枱股票」或「店頭股票」。

雖然沒有上市股票那般嚴格，但股票上櫃也還是必須符合下列標準：

㈠開業須滿三年，經核定的科技事業不在此限。

㈡實收資本額在新台幣五千萬元以上。

㈢除科技事業外，獲利能力（營業利益及稅前純益占實收資本額比率）須符合下列條件：

①最近年度達4%以上，且最近會計年度決算無累積虧損。

②最近二年度均達2%以上。

③最近二年度平均達2%以上，且最近年度高於前一年度。

㈣持有股份票面金額，在新台幣一萬元以上至五十萬元之記名股東人數，不少於三百人，且其所持股份合計須占總股數10%或達五百萬股以上。

㈤董事、監察人及持有公司已發行股份總數百分之十以上股份之股東，須將其持股總額依公會規定之比率，委託指定機關集中保管。並承諾自股票在櫃枱買賣之日起二年內不予出售，所取得之集中保管證券憑證不予轉讓或質押。且二年期限屆滿後，集中保管之股票，允許按公會規定比率分批領回。

比起集中市場，店頭市場要顯得冷清許多。因爲交投並不熱絡，店頭市場早年甚至獲得「冷凍櫃」的雅號。

第三節　股票的價值

股票的價值，可分爲面值、淨值和市值三種。

面值

股票的面值，就是指股票的票面價值。

民國六十八年六月八日，證管會（證期會的前身）統一面額，規定上市股票每股面值爲十元。因爲每一張股票爲一千股，所以當投資人買進一張股票時，上面便印著「新台幣壹萬圓整」的字樣。

股票的面值，只是用來表示股東持股的比例而已，對於它所代表的價值，並沒有任何實際意義。

淨值

股票的淨值，指的是由上市公司的資產負債表計算而得出的真實價值，所以又稱爲「帳面價值」。

淨值的計算方法是將公司的總淨值除以總發行股數。所謂的「總淨值」，是由公司的總資本額、法定公積、資本公積、特別公積及保留盈餘之累積加總而成。而在計算淨值時，如果公司有發行特別股，則總淨值還必須減去流通在外的特別股面值。

當發行公司募集到資本後，自然先要購置資產。在營運的過程中，如果經營得法，利潤增加，無論是辦理增資或提列公積，都會使淨值隨著增加。一般而言，公司的體質好，就是所謂的「大型績優股」。當股票淨值高於市價時，便表示這股票具有投資的價值。而淨值持續下降，甚至比原本資本還低的公司，營業狀況多半不佳。

總市值

雖然股票的淨值代表著股票的真實價值，但在市場買賣股票，還是得依據當時的市價。一家發行公司的股票依當時市價計算共值多少錢，便稱爲這家公司的「總市值」。

股票的市值，除了公司的體質外，還必須由市場供需法則來決定。

第四節　如何買賣股票

因爲依規定，個人無法親自下單，所以在買賣股票之前，必須先在證券經紀商營業處所開設戶頭。

開戶時，必須準備印章及身分證影本（正、反面）三份，親自前往證券經紀商處辦理。辦理時並須填寫買賣證券受託契約書，且有介紹人（一名）簽名蓋章。

辦好開戶手續後，會得到一張戶號卡，上面有帳號，以後你就可以據此下單買賣股票。

開戶後，就可以委託證券經紀商下單進行買賣；方式有二：

㈠投資人可以親自前往號子下單。

㈡用電話通知營業員，代爲填寫買賣委託單，進行買賣。

填單時，必須寫明帳號、姓名、股票名稱、股數及價格；如屬融資融券方式買賣，也須在上頭註明。

買賣單上註明價格的，稱爲「限價委託」；如果未註明，則證券經紀商會採「市價委託」方式，按股票的市價買進或賣出。

下單後，操作員會將資料輸入電腦終端機，並傳送至證券交易所，由證券交易所依「價格優先」及「時間優先」原則撮合買方與賣方。

證券交易所會將股票的買價、賣價、成交價不時回報到行情揭示板。如果成交，證券經紀商也會馬上得到資訊。投資人如果想知道是不是順利買進或賣出股票，可以直接詢問營業員。

可是，營業員要應付那麼多客戶，難免無法提供即時、全面的服務，所以證券經紀商都備有電話語音查詢系統，供投資人查詢；營業大廳中也設有成交回報刷卡機，投資人只要用個人的帳戶卡輕輕一刷，今天的成交狀況便可迅速得知。

買賣之後，有賺有虧，但就算虧了，也不能不認帳。

依規定，在交易日次二個營業日中，買進股票的則要繳納股款、賣出股票的要交出票券，交割清楚，否則就是「違約交割」。

違約交割，經證券交易所查證屬實後，將發函通知所有證券經紀商，此後三年內禁止投資人開戶及委託買賣。而證券經紀商還可以提起訴訟，如果投資人敗訴，須承擔所有股款和訴訟費用及賠償證券經紀商的損失。情形嚴重，對市場秩序及社會金融會產生一定的影響者，將觸犯證券交易法第一五五條、一七一條規定，遭處七年以下有期徒刑、拘役或併科二十五元以下罰金。

除了鉅額、零股、拍賣、標購外，正常的股票交易時間只到十二點整。但民國八十八年七月，台灣證券交易所已完成盤後交易的規劃，預計從八十九年開始，每週週一至週五下午十二點三十分至一點三十分，可進行定價盤後交易。成交價格以當天上午收盤價爲依據，並可進行信用交易及資券相抵。除了公債之外，所有上市有價證券均可進行定價盤後交易。

不過，這制度並不完全等同於一般人認知的延長交易時間；主要目的在於增加投資人交易時間，以及正常時間內未沖銷成功的資券，可藉此進行沖銷。所以這只是個試驗品，爲日後延長交易時間預先暖身。

第五節　信用交易

除了單純以現金買入股票，或賣出股票獲得股款外，還可以使用信用交易方式進行股票買賣。

當看好後市，手中資金卻不足，這時便可以以自有資金繳交自備款，向融資融券授信機構融通一定額度的資金，再委託證券經紀商買進股票。這種方式稱爲「融資」。

相反的，如果看壞後市，覺得放空有利時，偏偏手上沒有股票，這時候也可以辦理以自有資金爲保證金，向融資融券授信機構借股票賣出。這種方式稱爲「融券」。

必須注意的是，上市股票只要財務報表中的稅前純益占實收資本額3%以上，就可進行融券（融資亦同），但鉅額轉帳交易、零股交易和其他以議議、拍賣、標購方式進行的交易，均不得信用交易。

同時，並不是任何投資人都能從事信用交易。想要以融資融券方式進行股票買賣，必須具有下列資格：

㈠在證券經紀商處已具普通交易戶資格。

㈡開戶滿三個月以上。

㈢最近一年內委託買賣成交數十筆以上，累積成交金額已達所申請融資額度之50%。

㈣年所得與各種財產合計達所申請額度的30%，其所提供的財產證明，以下列爲限：

①本人或其配偶、父母、子女所有不動產所有權狀影印本或繳稅稅單。

②最近一個月之金融機構存款證明。

③持有三個月以上有價證券之證明。

從事信用交易的保證金成數並不是一成不變的，現行規定（自民國八十八年七月二日起實施），融資比率爲五成、融券保證金成數爲七成。

第六節　投資股票的好處

對懶人來說，股票是一種最佳的投資選擇。

概括來說，投資股票有下列好處：

高投資報酬率

台灣股票市場震盪起伏劇烈，如果操作得宜，要獲得20%的投資報酬率，是輕而易舉的事情。如果能依本書稍後將提到的方法進出，即使想獲得30%以上的投資高報酬率，也不是件難事。

分配股票股利或現金股利

就算不靠價差獲利，長期投資有前瞻性的公司，也可藉公司的獲利與發展賺錢。

公司賺錢，股東當然也有好處。紅利以股票方式發放，稱爲「股票股利」；以現金方式發放，稱爲「現金股利」。

資金調度靈活

人難免會有急需用錢的時候，如果你選擇跟會作爲理財工具，當有急需的時候，不見得正適逢標會日，也不見得一定標得到，而股票可在集中交易市場買賣，變現性佳。

同時，股票可以質借現金，增加資金調度的靈活度。

具保值作用

就算通貨膨脹再怎麼嚴重，因爲股票代表公司的資產，所以股價當然會隨著物價上漲而調整。

安全性高

股市的交易制度十分健全，且受到證期會等機構嚴密監控，所以安全性極高。

無須太多資金

看看證券行情表，動輒要數十萬元才買得起的股票固然很多，但也不乏一、兩萬元，甚至幾千元就能買到的股票，可說是大家都玩得起。

不必全心全力投入

選擇性的操作，是投資股票時獲取高投資報酬率的不二法門。也就是說，只要能拿捏好時機，進行波段買賣，平常根本不必花費精神。

第七節 投資股票的風險

雖然投資股票有這麼多好處，但如果操作失當，也不是沒有風險的。

套牢

無論是公司經營不善、股價受到人爲操控，或猛爆性利空來襲，都會造成股價重挫。追高的投資人如賣出股票，便會遭受虧損；有時甚至想賣也賣不掉。這種情形，便稱爲「套牢」。

地雷股爆炸

如果發行公司爆發嚴重的經濟危機，輕則淪爲全額交割股，重則下市、下櫃甚至倒閉。股票是一種象徵發行公司股權的憑據，如果發生上述情形，輕則價值大減，嚴重的還會一文不值。

發行公司存在明顯或隱晦的經營危機，不知何時爆發，這股票就叫做「地雷股」。買了地雷股，隨時都要冒著血本無歸的風險。

政治性風險

利率、匯率、政府經濟政策或突發性的政治利空因素，都會對股市產生影響，使投資人蒙受無法事先預知或控制的風險。

誤判

除了未可預知或控制的因素外，以上種種風險，若真帶來損失，就代表了投資人對行情的判斷出錯或解析資訊有誤。

分析股價走勢有很多方法，但要面面俱到並不容易。當投資人掌握錯誤資訊或研判後市有誤，便會遭致損失。

雖然有上述這些風險，但只要投資人能按照本書後面章節所述原則操作，這些風險都是可以避免的。

第二個認識　建立全方位成本觀念

一般人對成本的觀念，通常都局限於買入標的物時付出的價款。事實上，成本真正的意義遠遠複雜於此。

例如，房子和車子一樣，也是會折舊的。如果不將折舊計算在內，就無法預估出正確的投資報酬率。

他如：買賣股票必須繳證交稅，而號子不能做白工，所以投資人也要付手續費；外匯、期貨等道理，也都類似於此。

建立起全方位成本觀念，有助於擬定正確的投資策略；從另一個角度來看，也能發掘出節省成本之道（諸如節稅）。

本書將介紹兩個最常被投資人忽略的成本因素：折舊與稅捐。

①折舊

買入一幢房子，在房價持平的情況下，數年後的價值絕對比不上購買時的價值。這是因爲折舊的緣故。

在房地產業界，一般認爲新屋的價格大約是預售屋的70%～90%；如果是中古屋，依屋況而定，每年折舊額大約是2%～3%。

而銀行等承辦貸款的授信機構，因業務需要，有另一套嚴謹的計算標準。

要計算折舊，先要知道房屋的耐用年限。而房屋的耐用年限依建材的差異而有所不同（請參照圖表十一）。

知道了房屋的耐用年限，便可以算出房屋的折舊率。計算折舊率及折舊金額的公式如下：

折舊率＝已使用年限÷耐用年限

折舊金額＝時價×折舊率

舉例來說，在民國七十八年，以4,000,000元買進一層鋼筋混凝土建造的公寓，到了今年（民國八十八年）剛好滿十年，則其折舊率爲：

10÷55＝0.18

圖表十一　各建材種類之耐用年限

建　材　種　類	耐用年限
鋼筋（骨）混凝土建造、預鑄混凝土建造	55年
加強磚造	35年
磚構造	25年
金屬建造（有披覆處理）	25年
金屬建造（無披覆處理）	20年
木造	15年

折舊金額＝4,000,000×0.18＝720,000元

就算十年後房價並未下跌，這層公寓的價值也只剩下：

4,000,000－720,000＝3,280,000元

同一個例子，如果是偏好幽緻居住的雅士，買入的是高級木屋，則十年後的價值更只剩下1,360,000元。

10÷15＝0.66（折舊率）

4,000,000×0.66＝2,640,000（折舊金額）

4,000,000－2,640,000＝1,360,000（折舊後市價）

這只是爲了方便讀者瞭解何謂折舊而舉的例子。事實上情況通常不會如此慘烈，這是因爲房屋會折舊，但土地並不會折舊。

②稅捐

市面上琳瑯滿目的投資書籍，共同點是提出一個誘人的計畫。例如每月投入一筆小額的金錢，若干年後便可成爲千萬、甚至億萬富翁。

如果一切順利的話，這些結合複利與預期投資報酬率計算出來的數據其實也不能說有錯，但其中有個絕大的盲點，便是稅捐。

依所得稅法規定，將一切免稅額扣除後，收入如果達到三百七十二萬元以上，便要繳百分之四十的所得稅。也就是說，到時候，即使真能賺到一千萬，頂多也只能剩下六百萬。更何況，到了一定程度後，每年都要繳高額的所得稅；投資的金額銳減，便無法如期達成預計金額。

其實，這也正是爲什麼申報所得稅時，要將所有不事生產的親戚列入扶養親屬，甚至到處拉人頭的原因。

茲將各類投資工具的稅捐簡介於下：

存款

依規定，利息所得收入低新台幣27萬元者，免稅。但如果將錢存在郵局，只要不超過1,000,000元，利息完全免稅。

儲蓄型保險

106-□□

台北市新生南路3段88號5F之6

揚智文化事業股份有限公司 收

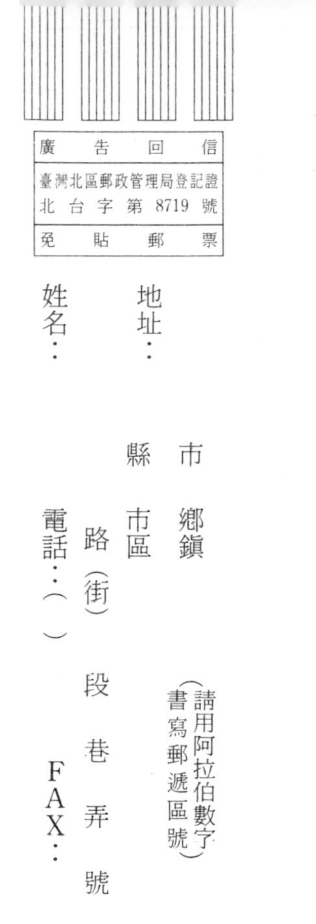

廣 告 回 信
臺灣北區郵政管理局登記證 北 台 字 第 8719 號
免 貼 郵 票

姓名：

地址：

市 縣 鄉鎮 市區 路(街) 段 巷 弄 號 樓

（請用阿拉伯數字書寫郵遞區號）

電話：（ ）

FAX：

□□□-□□

□揚智文化事業股份有限公司 □生智文化事業有限公司

謝謝您購買這本書。

爲加強對讀者的服務，請您詳細填寫本卡各欄資料，投入郵筒寄回給我們(免貼郵票)。

E-Mail:tn605547@ms6.tisnet.net.tw

網 址:http://www.ycrc.com.tw

您購買的書名：________________________

購買書店：__________市/縣__________書店

性　　別: □男　□女

婚　　姻: □已婚　□未婚

生　　日:____年____月____日

職　　業: □①製造業 □②銷售業 □③金融業 □④資訊業
□⑤學生 □⑥大眾傳播 □⑦自由業 □⑧服務業
□⑨軍警 □⑩公 □⑪教 □⑫其他______

教育程度: □①高中以下(含高中) □②大專□③研究所

職 位 別: □①負責人 □②高階主管 □③中級主管
□④一般職員 □⑤專業人員

您通常以何種方式購書?

□①逛書店 □②劃撥郵購 □③電話訂購 □④傳真訂購
□⑤團體訂購 □⑥其他

對我們的建議

如果用列舉方式申報，每年最高有24,000元的免稅額。

股票

證券交易所得稅目前仍然停徵中，但買賣股票，還是要繳交0.3%的證券交易稅。

債券

如果是公債，則稅賦全免；如果是公司債或其他政府核准的有價證券，則須繳0.1%的證券交易稅。

共同基金

㈠債券基金：稅捐全免。

㈡開放式基金：因不在集中市場中掛牌交易，所以不必繳證券交易稅。基金配息則計入利息所得，未滿27萬元者，免稅。

㈢封閉式基金：無論買賣，都要繳0.1%的證券交易稅，基金配息免稅額度與開放式基金相同。

房屋稅

買了房子，稅可就多了。包括：

㈠地價稅：1%（如爲自用住宅，則爲0.2%）。

㈡房屋稅：營業用稅率爲3%；自用住宅爲1.38%。

㈢土地增值稅：如將自用住宅出售，則土地增值稅就是增值總數的10%。但如果出售者在兩年之內又買了另外一棟自用住宅，且新購住宅的公告現值高於先前出售房屋的公告現值，則可以申請退稅。

懶人投資

三項準備

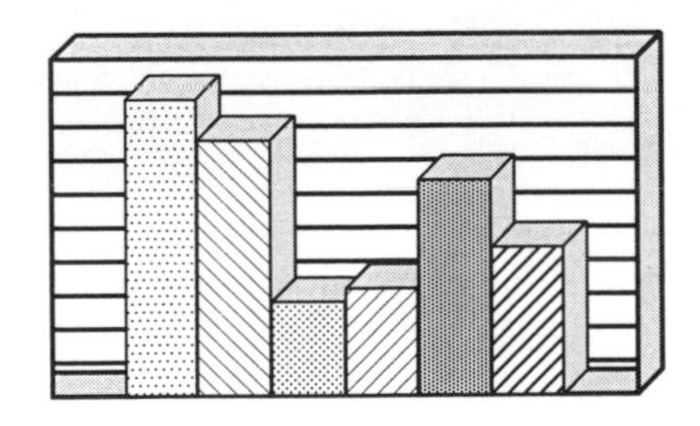

第一項準備　確立投資組合

談到投資，最廣爲人知的一句話就是「不把雞蛋放在同一個籃子裡」。

原則上，這句話並沒有錯。世事難料，沒有什麼穩賺不虧的投資方法或工具。如果能夠用一部分資金儲蓄，一部分資金投資雖然投資報酬率低，但風險相對也不太高的投資標的，然後再用一部分投資風險雖高，但投資報酬率也高的投資標的。不但如此，還可以同時使用認購權證或指數期貨等工具，來擴大利潤或規避風險。如此一來，豈非十全十美？

立意雖美，但這種理論卻不適用於懶人。爲什麼？因爲前面提過，我們對懶人的定義，其中有一項就是資金並不充裕。如此一來，爲了使投資獲利能凌越通貨膨脹率，懶人勢必專注在某項選定的投資工具上，並投入大部分能支配的資金。挖心剜肺都嫌不夠，哪還能分散力量？

如果說投資工具是籃子、資金是籃子，那如果雞蛋太少，甚至只有一個，要那麼多籃子做什麼？

再者，懶人另外的定義是時間太少，或對專業財經知識、術語有恐懼感。那麼，需要高度操作技巧，或必須念茲在茲的投資工具，明顯的也並不適合。

所以，懶人要先確立投資標的單純化的原則，接下來，再選擇知易行易的投資項目。這項目操作起來，還不能太花時間，最好以完全不影響日常生活爲佳。

當然，將錢放在銀行，就可以完全不去操心了。但這也不行，因爲投資報酬率太低。前面已經說過，我們選擇的投資標的，投資報酬率還不能太低。

但雖然可能投資報酬率極高，但風險太高的還是不行。就拿期貨來說，雖然可能大撈一筆，但也可能血本無歸。懶人們可能受不了這種刺激。

在檢視過常見的投資工具後，我們可以發現：股票最適合懶人。這是因爲，買賣股票之所以會成爲一種全民運動，就是因爲富人有富人的大手筆，升斗小民也有升斗小民的陽春玩法。而且，只要懶人完全照本書後面篇章所介紹的原則與方法操作，投資股票，不需要投注太多心力，就可以在創造高投資報酬率的同時，將風險壓至最低。

此外，投資股票的道理可以很深奧，也可以簡約成買與賣的價差關係。令人看得眼花撩亂的線路圖，就像張天師的靈符——信者心誠則靈；如果不甩它，也沒什麼關係。

第二項準備　籌集資金

有懶人投資法，可沒有窮光蛋投資法。說真的，懶人們要投資，還是得先準備一筆錢才行。一文不名，怎麼靠錢賺錢呢？

這筆錢怎麼來呢？也許來自於父母的資助，也許來自於標會，也許來自於平日的積蓄。如果能起碼籌到三、四十萬元，那就再好也不過了。

當然，就年輕人來說，三、四十萬也不是筆小數目，所以如果沒有任何積蓄，又缺乏籌錢的管道，也無須灰心，只要每月省下一萬元左右，便可開始踏上懶人投資之道。

戔戔萬元，能作什麼投資呢？事實上，股票股票之所以吸引人的地方就在這裡。前面已經說過，價位在一、兩萬元，甚至數千元的股票有的是，只要照本書教授方法操作，還是能投資，只不過累積財富的速度稍慢而已。

第三項準備　選擇往來機構

投資不是自己一個人玩的遊戲，所以必須要和銀行或證券商等專業機構打交道。當懶人選擇往來機構時，必須要以方便爲第一個考量。

投資其實只是理財的一環，所以就算從投資報酬率的觀點而言，不值得將錢定存在銀行，但也不可能不和銀行等金融機構往來。

除了平常提領現金方便外，銀行還可代繳水、電、瓦斯、電話等公共事業費用或保險費，只要戶頭有錢，就不會有逾期的危險。此外，也提供發給存款證明等服務。

要選擇往來銀行十分容易，由於已抱定不定存的原則，所以也無須計較利率高低，只要方便即可。

所謂方便，第一個選擇，便是離住家或工作場所近的銀行。就算有時候有些不得不親自前往銀行辦理的業務，也不至於來回奔波。此外，如果往來銀行在住家或工作場所附近便設有提款機，每次用提款卡領錢，都能省下七元的跨行提款費用。

其次，每家銀行所能提供的服務並不一定相同。能提供愈多服務的銀行，就能爲您省下愈多的時間。

選擇往來號子也是一樣，雖說每個人都可以同時在好幾家證券公司開戶，但既然不是捲甲啣枚，想掩飾炒作痕跡的主力，又何苦這麼麻煩呢？

其實，往來號子離家的遠近並不見得有什麼影響，因爲投資人必須要抱定除了閒得發慌，不親自前往下單操作的原則。平常要買賣時，只要撥通電話給營業員，或經由網路、語音服務下單，不是很方便嗎？如此還可避免被現場氣氛感染，做出錯誤決定的後遺症。

懶人投資

四個堅持

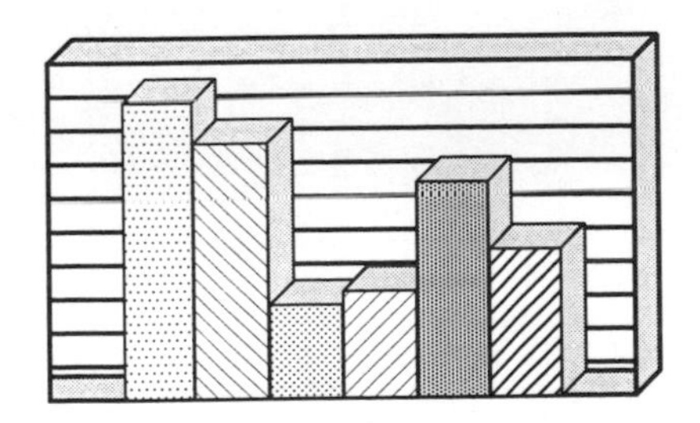

第一個堅持　不看短期行情波動

①觀察行情的途徑

股價起起伏伏，每天都充滿了變化。或漲、或跌、或持平，都稱爲「行情」。無論採用什麼操作方法，在決定買進或賣出之前，總是要先看一下行情。

投資人可以從下列途徑得知行情：

・證券經紀商

股市行情大好的時候，通常證券經紀商的營業大廳中擁滿了人。這些人有的老來有的少，也有顢頇也有俏；共同點是每個人都聚精會神的看著電視牆。

這些人並不是在看整人紅不讓，而是在看股市行情。

比較老字號的股票投資人，應該都還記得證券經紀商營業大廳中設置的證券行情揭示板。因爲面積過鉅，而且即時效果有限，所以證券行情揭示板已逐漸被電視牆所取代。

股票投資人可以從電視牆上，得知個股的買進價、賣出價、成交價、漲跌幅、單筆成交量、累計成交量、本日最高價、本日最低價。其中，成交價、最高價與最低價的上漲以紅色顯示、下跌以綠色顯示，平盤則為白色；漲停時為紅底反白、跌停時為綠色反白，買進價、賣出價與漲跌幅與成交量的顏色呈同步變化。

除了大電視牆外，在大廳兩側或營業員上方還有小電視牆，揭露每五分鐘加權指數、漲跌幅與走勢圖，或買進總張數、買進總筆數與平均每筆買進張數等較特殊的資訊。

此外，證券經紀商營業大廳中通常都擺設著幾部裝設了精業即時行情系統的單機，供投資人利用。

・第四台

股票能成為最廣受投資人歡迎的投資工具，坦白說，俗稱第四台的有線電視也該在功勞簿上記上一筆。

打開電視，號碼最少的幾個頻道，通常就是播放股票即時行情的頻道；有時還會安排分析師插播即時行情分析。不過，所謂的「臺灣有三寶，星穎、彩虹、新東寶」——鎖碼頻道通常也在這區域。至於是否為了讓投資人財色兼收才做如此安排，就不得而知了。

許多有閒看盤，卻又懶得上號子的投資人，通常都會選擇收看第四台股市頻道。但因為電視畫面一次大約只能顯示八檔股票，每十秒鐘翻頁一次，大概要十五分鐘才能輪流顯示完畢。如果一不小心錯過了標的股的資訊，那就要再等上個老半天，才能再看得到想要的資訊。

・電臺廣播

中國廣播公司也有進行證券行情實況轉播，但收聽廣播節目，比看有線電視還容易錯過重大資訊。其實，為了駕駛安全，開車時更最好少聽。

・語音即時資訊

某些醉心股票的上班族，既無法到號子打卡，又無法在家裡收看第四台股市節目？明明心急如焚，卻還有擺出一副盡忠職守狀，怎麼辦呢？

請勿為這些米蟲擔心。只要撥通電話，輸入密碼，上班族也一樣可以得到即時資訊。

只要到中華電信公司繳交五百元或一千元，並取得專屬密碼，便可以得到中華電信公司所提供的即時資訊服務，在半年內收聽一千或二千分鐘。

・看盤機

看盤機可以隨身攜帶，使用簡單，所以逐漸普及。最新的機種，除了提供看盤服務外，還可透過電話線連接股市資訊，又可傳送到家中的電視機。

‧網路

網路的時代已經來臨了，自然不會放過股市這塊大餅。最近業者推出一些與網際網路連線使用的軟體，效果通常都不錯。但從未用過電腦的人，總是要學會操作方式，而且有時也未必連得上線。

②不看短期行情波動

上一節中所介紹的觀察行情的途徑與工具，哪一種適合懶人呢？答案是：都不適合！

在本書稍後將登場的「五項戰技」和「十二守則」中，將詳細敘述適用於懶人的投資方法。這些方法有個共同的特點，就是除了某些特定的情況外，懶人都必須合宜的從事中、長期的操作。

因此，所謂「不看」短期行期波動，不但是不必看，根本還不能看。爲什麼，因爲人的心理是十分微妙的。試想，如果在低檔買進某支股票，估算大約半年後將爲自己帶來一倍以上的利潤，可是，當來到號子，眼中看到萬頭攢動遞出賣單，耳中聽到什麼汪道涵不來啦！福州軍區演習啦！完啦！完啦……。就在一片「完啦」聲中，不受到感染而把手中持股跟著殺完者，幾希。

所以，不要太相信自己其介如石，還是眼不見爲淨的好，以免干擾既定的投資策略。

除此之外，我們曾提過分析師未可盡信，如果投資人在觀看第四台時，受到分析師的洗腦，任意更改買賣策略，也許可能蒙受重大的損失，不可不慎。

第二個堅持　絕不放空股票

股票投資大師級人物——或自詡大師級人物，看好後市時作多，看壞後市時放空，縱橫來去，煞是忙碌、好不過癮。

本書介紹給懶人的股票投資方法中，有一種是利用空頭市場逢低買進，等到多頭市場時再賣出。因為，以台灣經濟體質及股市特性而言，多頭市場時期遠長於空頭市場，所以只要以這個原則操作，便可輕鬆自在的大賺其錢。

正因為這種特性，所以在台灣股市中，作空需要相對高明的操作技巧。再深入一層來說，買進股票，若八字缺財庫加上流年不利，碰上公司倒閉或下市，最大的損失也只是買股票的錢而已，但放空股票者，若股價持續飆漲數倍，其虧損很難估算。

所以，懶人最好還是老老實實的買進股票，等股價上升後再賣出。放空？啥？不懂！如此，才能免去無謂的困擾。

第三個堅持　不從事不熟悉的投資

除了高投資報酬率外，股票之所以吸引人，便在於領取股利或運用價差獲利的原則大家都知曉，所以人人都能毫不費力的操作。

像期貨或衍生性金融商品，不但風險高，而且需要極高超的操作手法及專業知識，懶人最好敬而遠之。

除了這些高風險的投資標的之外，懶人們最好也將骨董、藝術品等收藏品屏除於投資組合之外。

這是爲什麼呢？讀者們請捫心自問，能記得五胡十六國是哪十六國嗎（其實不只十六國）？能雒誦宋朝諸皇帝的廟號及順序嗎？如果不能，又怎麼能從紙質、筆墨、落款來辨識宋朝字畫的真僞呢？依筆者來看，大多數人（包括筆者在內），實力都僅只止於鑑識大同寶寶而已。

同時，收藏品的市場極爲狹隘，如果不瞭解，吃了暗虧還不知道。類似這種不熟悉的投資，還是別嘗試爲妙。

什麼人可以投資收藏品呢？其實大部分收藏品的買主，是不抱著投資心態的富翁；買進名畫或骨董，有時是因爲確有興趣，有時是附庸風雅，有時是爲了抬高自己身價，理由不一而足。以梵谷最後一張重要畫作「嘉舍醫生像」爲例，一九九〇年公開拍賣的時候，日本紙業的老闆齋藤良英先生以八千多萬美元創紀錄的天價，將這幅畫買走。他買這幅畫做什麼呢？據他告訴朋友，是爲了要死後一起陪葬用的。六年後，齋藤先生的烏鴉嘴不幸言中，果然蒙主寵召，這幅名畫從此失去蹤影，是不是真的隨齋藤先生長眠地下，誰也不知道。

第四個堅持　不盲目擴張信用

雖說準備踏上投資之路的懶人們最好能先籌集一筆資金，才能減少奮鬥許多年，但這筆資金的來源最好是自有，借貸所占的比例愈低愈好。

向父母借貸，通常都不會有什麼後遺症；跟會也算是種借貸，但如果能奉行不穩不跟、低標高養等原則，智慧的以會養會，也不是不可以；將房屋質押給銀行，得到一筆錢投資，勉強也能算善用資產的一種靈活理財手法。但是，即使不算利息支出，借貸而來的金額占投資資金比重愈高，操作起來就愈礙手礙腳，難以揮灑自如，心理壓力也愈大。

試想，如果買賣股票的錢，與生活費，甚至於房貸、會款是同一筆錢，那操作起來難免畏首畏尾，一有風吹草動，便產生恐慌的心理。而雖後市無限好，卻亟需這筆錢爲小孩買奶粉，怎麼辦呢？當然是將股票變現，錯失賺取利潤的機會。當眼看行情果然節節高升時，只能對著行情表空笑夢，留下無限遺憾。

如果使用融資買進方式，這種現象就更明顯。假設使用60％融資，便會產生兩倍半的槓桿效果。股價上漲時固然可以獲得2.5倍的利潤，但相對的，下跌時也會蒙受2.5倍的虧損。

現行法令規定，當股價暴跌，整戶擔保維持率低於120%時，融資者將被追繳保證金；也就是說，換算之後，股價跌幅超過28%，便會被追繳保證金。如此一來，操作時怎能不膽戰心驚、進退失據？

如果懶人一開始投資所使用的資金是專備的投資專款，無須爲了償債傷腦筋，也不影響日常生活，更不會有人過問，這就大不相同了。只要有抱著收益一定好過銀行定存的概念，便能毫不猶豫的選擇波段操作，對股價短期的起落不會太在意，如此一來，就能冷靜的面對行情。

不盲目擴張信用，還有將可能性風險壓到最低的作用。一般投資人資金不足，在多頭行情狂飆時，捱不住貪念作祟，除了將所有自有資金投入外，還標了會，並向朋友、同事借錢，甚至從事融資買進，希望能擴大獲利幅度。在股市術語中，這就叫做「滾雪球」。

一旦喪失了理智，什麼低進高出的準則全都拋到九霄雲外。當股價逐漸飆高，投資人更隨之起舞，接近瘋狂的持續加碼。

如此一來，雪球愈滾愈大。但股價是不可能永遠往上漲的，當天不從人願，股價終於崩跌下來時，所可能蒙受的損失也愈大。這是因爲股價由高檔往下挫跌的幅度，必然遠比低檔下跌時大得多，而持續追漲的股票股資人，持股成本也愈來愈高的緣故。

這就是爲什麼辛辛苦苦在一段漲升行情中賺的錢，卻往往還不夠在下一波挫跌行情時賠的原因。

一般投資人資金原本就有限，如果利欲薰心，不但傾囊投入，還滾起了大雪球，當欠下一屁股債，血本無歸、羅掘俱窮時，後悔已經太遲。

懶人投資

五項戰技

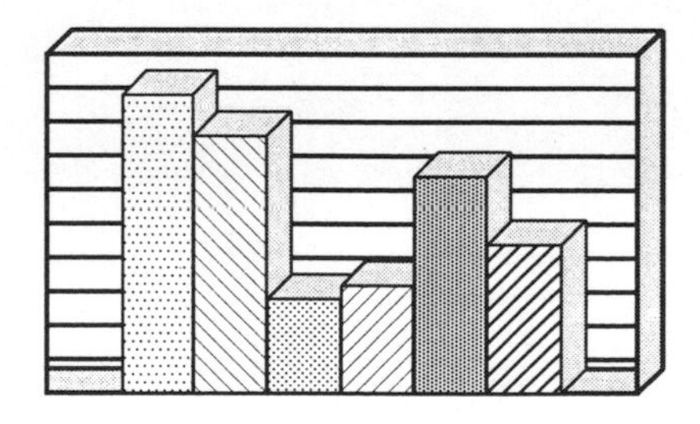

戰技一　順勢而爲

第一節　配合多空循環

依一定時期內的行情，股市可分爲「多頭市場」與「空頭市場」兩種。

多頭市場中，買氣旺盛、股價節節攀升；空頭市場中，投資人普通悲觀、賣單洶湧、股價一路探底。這兩種股市的大趨勢，是個人力量無法扭轉的，如果偏要唱反調，在多頭市場中強力作空，在空頭市場中卯起來作多，就是在和新台幣過不去。

正因爲股市有循環存在，所以提供了懶人兩個操作的方法：

㈠空頭市場時，暫時讓熾熱的心打烊，等多頭市場來臨時，再進場操作。

㈡懶到最高點，每一次操作只選擇兩個點：空頭市場末期股價低檔時爲買點、多頭市場即將步入尾聲時爲賣點。

在已確定的多頭市場中，操作是很容易的，只要股價一拉回碰到支撐，便是買點。反之，在空頭市場，只要股價一反彈遇到壓力，便可視爲賣點。如此省力，便是施行第一種操作方法的好處。

如果施行第二種方法，缺點在於來回操作一次動輒以年計；優點在於全然省時省力，只要能配合上停利法使用，必然有不小的獲利空間。

前面曾經提過，台灣股市多頭市場長於空頭市場，空頭市場通常爲三十四個月，而多頭市場卻長達八十九個月。所以也可以將這兩種方法綜合，在空頭市場末期買進部分股票，作中、長期持有，賺取必然的利潤；然後在多頭市場中暢快的瀟灑走一回，尋覓適合的波段操作。

第二節　選擇適當時機火力全開

多頭市場與空頭市場中，又各可分為幾個波段。談到這裡，就不能不提起艾略特的「波動理論」。

一九三八年，美國財經名家艾略特，在「財務世界」雜誌上發表了著名的「波動原則」。

艾略特認為：股價上升波有五個波段，其中三個表示主要價格的走向，另外兩個則是因為價格回檔而形成。同樣的，下跌波有三個波段，其中二個表示主要價格的走向，另外一個則是因為反彈而形成。

如歸納這五個上升波段和三個下跌波段，則可得出盤局發展大致如下：

一、多頭市場第一波：多頭市場開始築底，但大勢尚未明朗，投資人仍然觀望。

二、多頭市場第二波：第一波的獲利者獲利了結，而由另一批空手者承接。

三、多頭市場第三波：多頭力道強勁，行情已極為明朗，成交量放大，股價亦大幅攀升。

四、多頭市場第四波：逐漸高處不勝寒，隨著不斷盤整，體質較差的個股紛紛回檔整理，象徵多頭市頭來日無多。

五、多頭市場第五波：股價指數迭創新高，但漲幅卻不大，無論是績優股或投機投，成交量均不斷放大；盲目的投資人也大都對後勢表示樂觀，但在此時，多頭市場已悄悄走入尾聲。

六、空頭市場第一波：多頭市場正式結束，股價拉回整理，但投資者卻普遍認爲只是暫時的回檔。

七、空頭市場第二波：爲求出脫手中持股，或是把握機會再撈一筆，掌控大批籌碼的主力們會製造出假象，讓誤以爲行情仍好的投資人搶進。

八、空頭市場第三波：摜壓的力道就如同寒流一般排山倒海而來，大盤由此逐漸滑跌。

分析以上五個主要趨勢，就可以發現，除了第二波和第四波爲拉回的修正波段外，第一波、第三波、第五波分別爲初升段、主升段、末升段，最值得投資人重視。

初升段趨勢不明顯，所以上升幅度也不大，獲利有限。而末升段買賣時機極難掌握，追高之後，一個不慎，就會慘遭套牢，漲幅不會小於初升段，而且趨勢明顯，容易掌握，所以對選擇在多頭市場中從事波段操作的懶人來說，應該把握這個機會，火力全開。

戰技二　掌握資金行情

第一節　資金堆砌股價

股市有如接力賽，想獲利了結的人交棒，看好後市的人接棒，如此股價才能節節高升。如果接棒乏人，則手中握棒的人，就會形同抓了滿把燙手山芋。也就是說，投入股市的資金愈多，愈能拉拔起股價，所以有人說「股價是錢堆砌起來的」。

台灣股市股票檔數愈來愈多，如果光靠國內資金運作，未必能支撐起股市榮景，這也是政府節節開放外資的原因之一。

但經濟過熱，會導致通貨膨脹的威脅，所以當政府察覺到景氣過熱的警訊，但必須適時降溫。這其間的分寸是很難拿捏的。美國卡特總統當政時，施行一連串調升利率等通貨緊縮政策，結果演變成經濟萎縮，這也變成卡特在總統大選中落敗的重要原因。

政府要控制資金規模，可以經由各種經濟手段，如調整利率、存款準備率；或進行政策修正，如調整信用保證金成數。

先前，中央銀行持續採取寬鬆貨幣政策，持續調降存款準備率。這個結果，就是資金浮濫。對銀行來說，資金浮濫後，只能低利貸出資金；對股市來說，無形中湧入了一批生力軍。

八十八年年中後，政府放話股市資金有過熱之虞，並暗示不排除施行調升利率等降溫措施。不過由於七月初兩國論效應引爆，所以不但不降溫，反而讓四大基金進場護盤，並提前籌設所謂的國家安定基金。希望能牽制住恐懼性殺盤。

總之，經濟政策偏多，將造成資金湧入股市，造成一波榮景。雖然比起戰技一，難度稍高，但如能把握，也能有所獲利。

第二節　利率

利率是影響個人或企業借貸成本最重要的因素，在假設沒有政府干預的經濟體系中，利率高低，是由資金的供需法則決定的，但事實上，利率一般都成爲政府控制國家景氣的重要工具。對股市來說，利率的高低，也直接影響投入股市資金的多寡。

簡單的說，投資人如果發現將錢放在銀行裡生利息，不但所得有限，甚至還有跟不上通貨膨脹速度的憂慮時，便會另覓投資管道，而國內最佳的投資管道自然就是股票。而低利率會造成銀行獲利縮減，所以除了傳統放款業務外，也必須擴大強投資票券、股票的額度。這些錢投入股市，便能造成所謂的「資金行情」。

但調降利率所造成的資金行情能否持久，還必須要整體基本面來配合。就貨幣學理論來說，資金寬鬆，利率降低，會提高企業投資意願並增加獲利。但如果企業覺得經濟前景並不看好，借錢投資的收益，將比不上利息支出，那即使利率再低，企業投資意願也不會提高多少。以泡沫經濟剛戳破的日本爲例，施行低利率政策，但投資意願並未因之高漲。所以，唯有企業能夠善用寬鬆貨幣政策來製造盈餘成長，使基本面好轉，資金行情才能長久，而不至於只是短期題材而已。

第三節　存款準備率

為保障存款人權益，中央銀行規定，各存款貨幣金融機構必須在各類存款中提撥一定比例，存放在中央銀行的準備金帳戶中，以作為清償之準備金。這個比例，便稱為「存款準備率」。

存款準備率的高低，直接影響著銀行可貸放資金的數量，進而影響利率。對股市來說，央行調高存款準備率是項利空，調低存款準備率則是項利多。

我們可以就下列角度來分析：

㈠央行調高存款準備率，大量資金因而被留在金融機構體系中。投入股市的資金因而減少，股價失去推升的力量。反之，金融機構體系釋出的大量資金將部分湧入股市，推升股價。

㈡整體而言，央行調高存款準備率，將使消費者借貸資金的成本提高，從而減低消費欲望；企業的業績也會因此滑落。投資人因而看壞基本面，持股意願降低。

㈢企業獲利降低，甚至造成虧損，不得不施行裁員、減薪等措施。長期來看，投資大眾的收入將相對減少，買賣股票的能力也隨著下降。

從經驗來看，央行每次調低存款準備率，都能對股市產生拉拔的效果。近五、六年來，每當央行調降存款準備率，股市都有一波資金行情，平均上漲幅度大約為45%左右，所以不能輕言放棄。

懶人們該如何運用央行調降存款準備率的良機擬定選股策略，以迎合必然來到的資金行情呢？下列類股值得考慮：

㈠銀行業：可立即取回資金改善營運。

㈡票券業：庫存票券將因為利率下降而增值，而公司發行票券的意願也會因而加強。

㈢營建股：營建公司可減少利息支出，而消費者購屋意願也會因而加強。

㈣負債比率高的股票發行公司，因利息負擔減輕，有出現轉機的可能。

第四節　外資

民國八十八年二月五日，台灣股價指數是5,422點，如果回溯至上一個高點——八十七年四月七日的9,337點，可算出總跌幅高達41.93%。於是政府強力作多，包括提高外資投資台灣的上限。

七十九年底，政府剛開放外國專業投資機構（QFII）投資台灣的時候，很少人想到外資在台灣股市的地位會這麼重要。事實上，即使整理外資投資上限由15%調高到50%，外國法人在台灣股市投資占整體市值比例然只略高於4.5%。但由於渲染的作用，外資的威力平空多了好幾倍。

八十八年七月底，摩根史坦利亞洲公司調整該公司投資組合模型中亞洲股票的投資比重，但某媒體卻將這件微不足道的小事當成頭條，還下了個聳動的標題：「摩根調降台股比重」。而不少投資人也從股市資訊終端機前看到這則報導，一致誤認台股在摩根史坦利資本國際公司（MSCI）遠東指數中的比重遭調降，造成七月二十九日台灣灣加權股價指數在收盤前一小時重挫50點。

類似的事件，早在五月十七日便已經發生過。

五月十七日，摩根史坦利資本國際公司公布台灣摩根成分組合名單，刪除嘉食化、力霸、華夏、中化、永光、福懋、和成、國票、高興昌、三商行、全友、高企、永豐餘、新紡、興農等十五檔股票，新增震旦行、華碩、中信銀、興票、長億、仁寶、大陸工程、鴻海、光寶、年興、寶成、華邦、世華、廣達等十四檔股票。

結果，被刪除的十五檔股票慘遭全面重挫，而新上榜的十四檔股票，最少也以小紅作收。

原則上，除了本國的資金外，外來的資金挹注，當然也是股使股價上升的力量。但盲目的跟隨外資進出，也不是個好辦法。首先，剛剛提到外資的力量被高估；其次，如果跟隨外資的動作，理所當然的會慢了一拍，有替洋人抬轎子的危險。

那麼，如果掌握外資造成的資金行情呢？很簡單，只要熟悉外資操作的原則即可。

所謂外資操作的手法及原則，並不是說什麼外資都由專家操盤，所以都做中、長期進出或投資大型績優股云云，而是掌握大原則，瞭解什麼時候外資會大舉湧入台灣，什麼時候會獲利了結，轉移陣地。

說來真巧，這一、兩年來外資的動作與績效，正好爲懶人投資法現身說法。

民國八十六年的時候，外國法人認爲總統大選後，行情反彈得太急太猛，所以寧願選擇泰國等表現不如台灣的股市，等待補漲的機會。但無奈懶人投資研究得不夠徹底，在東南亞經濟風暴時殺出持股，不得不眼巴巴的看東南亞和南韓等股市大演反彈行情。

之後，美國股市居高不下，歐洲經濟成長趨緩，外資終於痛定思痛，將重心擺在亞洲市場，並採提前布局、逐步加碼的策略。正好台灣大幅提高外資持股上限，郎有情、妾有意，遂演出這一波外資行情。

也就是說，從最近外資的這種策略與動作來看，恰好與懶人投資法若合符契。當台灣以至於亞洲的空頭市場將到尾聲、多頭市場萌芽，甚至在世界股市中表現相對弱勢的時候，就是外資前來撈錢的時候，至於力度，就要看整體經濟環境及外資

排行	市場指數	投資報酬率
①	土耳其	17.27
②	匈牙利	11.88
③	斯里蘭卡	10.34
④	南韓	9.82
⑤	印度SENSEX30	9.70
⑥	希臘	7.78
⑦	哥斯大黎加	6.68
⑧	日經300指數	4.58
⑨	東證一部	4.43
⑩	捷克	3.72

圖表十二　1999年7月全球63個主要股市指數表現最佳前十名

對台灣股市後市看好的程度而定。當台灣股市瘋狂飆漲到一定程度時，就是外資拍拍屁股，SAY GOOD-BYE的時候。

也就是說，懶人們根本別管外資買賣超多少。要知道，雖然外資操盤人個個滿口高深莫測的專業術語，其實也不過是一群講外國話的懶人而已。

那麼，目前台灣股市的表現如何呢？由於七月份全球股市利空頻傳，包括美國升息的傳聞，及南韓大宇集團財務危機、

排行	市場指數	投資報酬率
①	上海B股	-18.89
②	深圳B股	-17.55
③	深圳subindes A	-14.06
④	台灣	-12.45
⑤	泰國	-12.45
⑥	巴西	-10.19
⑦	墨西哥	-9.76
⑧	印尼	-9.69
⑨	西班牙	-8.09
⑩	委內瑞拉	-7.73

圖表十三　1999年7月全球63個主要股市指數表現最差前十名

阿根廷債務問題……，造成全球股市表現不佳，市場指數67%呈跌勢。而台灣又加上了「特殊的國與國關係」這項特殊因素，所以在全球六十三個主要股市指數表現最差排行榜中，堂堂進入前五名（請參照圖表十三）。

戰技三　選擇最值得投資的股票

第一節　什麼股票最值得投資？

什麼股票最值得投資？當然是能爲投資人賺進大筆鈔票的股票。

在茫茫股海中，投資人必須要能夠辨識出明天會更好的股票。如果覺得這很困難，就請參考下列三個好股票的條件：

㈠資本額不大；

㈡業績好；

㈢具有成長性。

公司資本額在十八億元以下的發行公司股票，稱爲小型股。

因爲股本小，所以在增資配股方面有較大的空間，而流動在外的籌碼也相對較少，主力掌控容易，所以股價漲跌幅度往往很大。

但可不能用帶著負面性的「投機股」這個名詞來涵括所有小型股。相反的，正因爲小型股有股價容易攀升的優點，所以如果業績良好，同時成長性佳，這便是最適合懶人們投資的股票。

要辨識小型績優成長股，我們可以檢視發行公司的財務報表。一旦認清目標，建議在大盤挫跌30％以上時買進，並做中、長期持有。

第二節　「績優」的檢視標準

企業業績好不好，不能光看生意好不好，更重要是賺得多不多。

要知道企業獲利的能力，我們就必須彙總最近五年的年報，然後注意每股稅後盈餘這個數字。

每股稅後盈餘，指的是繳稅後，每股實際的獲利。

業績穩定，不會暴起暴落的小型股，最近五年的平均值必須在3.5元以上。

其次，再來計算盈利率。

盈利率的意義是，公司每收入一百元，在扣除管銷費用後，可獲得多少淨利。

盈利率的計算公式：

盈利率＝稅前盈餘÷營業收入×100

觀察企業最近五年的盈利率，便可評估出企業經營的績效。一般來說，五年來的平均盈利率必須維持在10%以上，且平均值在15%以上，才能算是「績優」。

但這也不是絕對的，某些行業，如證券業與飯店業，因爲產業特性，盈利率常高達40%甚至50%以上，這就應該以同業的平均水準來認定。

企業盈利率如果每年都穩定，就代表營運與結構已經成熟。如果盈利率暴起暴落，就代表該公司結構不夠健全，或是產品競爭力不足。

第三節 「成長」的檢視標準

公司現在業績好，並不表示未來業績也一定好；高配股政策，更有大幅增加股本，稀釋每股獲利的疑慮。而我們買股票，買的正是它的未來性，所以我們必須觀察財務報表中每股營收和每股盈餘，分析股本膨脹後，這家公司真正的成長能力。

原則上，成長性良好的公司，股本膨脹的速度絕不能高於獲利成長的速度，所以每股盈餘必須維持在一定之上的水準。

如果檢視近五年來的財務報表，發現這家公司在連年大幅增資配股的情況下，每股盈餘還能穩定的成長，便值得我們投資。

戰技四　比價法

第一節　比價

習慣上，股市中所謂的「比價」，指的是以甲股的價格與乙股或丙股比較。

嚴格說來，若要比價，應該要分析基本面與股價相對關係之後再來比價，但一般人通常忽略了景氣、基本面等因素，直接比較「類似股」的價格。如以台積電比聯電。

在多頭市場中，投資人習慣向上比價。譬如，如果台積電股價節節攀高，但聯電卻不動如山，因爲它們都是電子類股，所以心理上會認爲雖然台積電先漲，聯電遲早也一定會漲。

當某些類股或個股漲到某一個程度，不願追高的投資人便會尋著這個心理模式，投向那些跑得慢，股價相對較低的股票，於是往往形成類股或個股的「輪漲」。

坦白說，這種比價方式是非理性的，所以投資專家們往往大聲疾呼，要投資人別胡亂比價。但我們要介紹的可不是這種比價法，而是配合戰技一，直接省時省力的比較歷史性、個股性價錢的高低，逢低介入，逢高賣出。

這就好像是到菜市場中買菜。颱風過後，菜價飛漲，一顆醜不拉嘰的大白菜要賣九十元。沒關係，白菜一個月不吃不會死，就不信台灣一年到頭颳颱風，等到一斤十元時候再來買。

爲什麼要說同時兼顧歷史性與個股性呢，因爲歷史無法顯示未來必然的演變，所以曾飆到數百元的股票，即使現在才值十來元，也不保證未來能再回升到原來的價位。所以必須要配合上戰技一，認清局勢，並衡量個股之所以跌深的原因。

事實上，這也是掌握大盤翻底或跌深股的辦法。

第二節 跌深股

股價像倫敦大橋一樣，劈里叭啦的垮下來，投資人莫不嚇得面色鐵青。但懶人們不但不應該害怕，反而應該高興才是——股價不跌深，哪來的巨大獲利空間？

但要知道，股票之所以會跌深，一定有其原因，有時是因爲基本面不佳，有時是因爲主力摜壓，有時是受到整體局勢的影響。只要不是地雷股，無論什麼原因，當股票市場價格跌破基本面所應具的價值時，便值得買進，因爲股價遲早會因反映基本面而回升，如同時具有轉機題材相助，將會產生不小的利潤空間。

值得注意的是造成跌深的原因是否還在。一般而言，股票跌深之後的第一波上漲，市場都視之爲反彈。反彈的幅度通常是跌幅的0.333或0.382，能反彈超過0.5的情形極爲少見。

戰技五　燃燒別人　照亮自己

前面我們曾經提過，無論是報刊、雜誌，或是第四台股市節目，所能提供的消息都未必可信，如果據以擬定投資策略，難免會事與願違。

但是，有一種消息極為可信，而且無論是消息靈通的主力，還是閒來無事亂翻報紙的散戶，都能同步得知，那就是——災難。

災難可能是天災，也可能是人禍。天災諸如地震、水災；人禍諸如戰爭、暴亂。有時也很難釐清是天清或人禍，如民國八十八年七月二十九日深夜全台大停電即是。

七月二十九日深夜，台灣大部分地區陷入一片黑暗之中。一夜謠傳不斷，結果答案揭曉，並非共諜破壞，更不是兩岸開火，而是因為連續豪雨遠成台南縣左鎮山區山崩，致使位於山坡上的高壓鐵塔倒塌，引發連鎖反應。

這次歷年來規模最大的無預警停電，據經濟部工業區統計，產業總損失逾三十億元，光是新竹科學園區，損失就高達十餘億，甚至還聽說某些聲色場所的客人趁著黑暗閃人，造成店家極大損失，真是禍從天降。

可是，話又說回來，國內輸變系統由於長年超載，早已脆弱不堪，並非始於今日。事實上，去年十月十六日瑞伯颱風掃過北台灣時，核一、核二廠對外輸配電線便曾因不堪狂風暴雨而跳脫。當時原子能委員會便曾行文台電，要求儘速研擬改善輸配電線穩定性。而苟且延宕-至今，主管單位及相關機構豈能因一句「天然災害」而撇清所有責任？

總之，無論是天災或人禍，都會造成破壞，但倖存者總還是得繼續活下去呀，於是便需要重建。無論重建的需求來自何方，只要能牽扯得上的產業，便有一波行情。

譬如，兩次世界大戰後歐陸的重建需求，都造成美國資本市場一波榮景；一九九五年，日本關西大地震，國內的水泥與鋼鐵類股順勢拉起一波漲勢。

以台灣來說，發生動亂的機率是很低的，但諸如全台大停電等小意外還是有可能會發生。以第一波口蹄疫事件來說，造成食品類股一片哀鴻。但有識之士這時便忙著加碼卜蜂，爲什麼？卜蜂不也屬於食品類股嗎？這是因爲口蹄疫只及於豬、牛等偶蹄類動物，而卜蜂的加工食品以雞肉爲主。這便是所謂的「替代性」。

第二波口蹄疫來襲的時候，便沒什麼行情了。這是因爲疫情發生在遙遠的金門，台灣沒受到太嚴重的波及。

此外，根據供需法則，如果某產業或公司的競爭對手發生不幸，則該產業業績當然有朝正面發展的機會，從而造成股價上升。

因爲產業的特殊性，化工業特別容易發生意外。今年才剛過一半，歐洲、美國、南韓的化工大廠紛紛發生火災等意外，國內的塑化股股價也都能適時反應。獲利的投資人，遙想彼岸熊熊大火，心中應該都有種周瑜在赤壁觀看曹軍艦隊大火時的那種快感。

懶人投資

六大心理建設

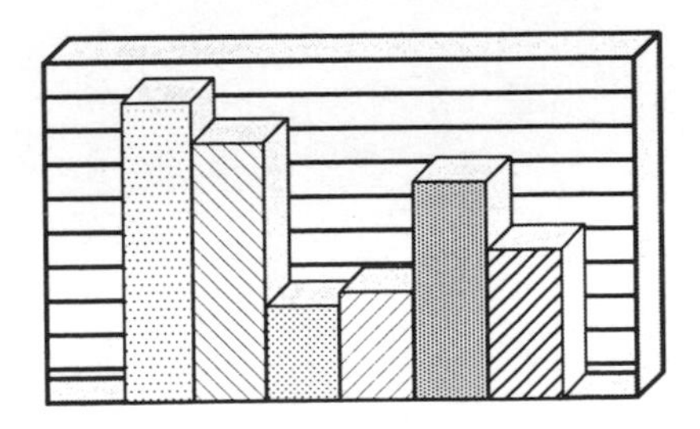

心理建設一　逃避

常聽人說，從事投資，必須要能掌握各種消息，才能據以擬定正確的投資策略。能掌握的消息愈多，獲利的機會也就愈大。

話是沒錯，但一般人平常得到的是什麼消息呢？

以股市為例，在多頭市場末期，股價將作頭反轉時，往往充斥著利多消息；當大盤在底部慢慢築底時，卻是壞消息滿天飛。

無論是報紙、雜誌，或第四台股市分析節目，這些資訊的來源，無非是主力、公司經營層所放出的消息。您說他們會和散戶站在一條戰線上，提供最正確的消息幫助散戶獲利嗎？更別提某些主力御用的分析師，為了自身利益，常刻意放出煙幕迷惑投資人。

這些消息，在台灣股市中扮演著助漲助跌的角色。以人性來說，就算意志再堅定，一而再，再而三的受到洗腦，也難免會做出違背投資原則的舉措。所以，與其天天在意消息面，不如根本置之不理，以免因衝動而做出傻事。

說到因無法冷靜而做出錯誤決定，如果因利空消息影響，提早賣出持股或延遲進場時機，頂多只是縮小獲利空間，但當股價在高檔時，如果無法冷靜的看待行情，瘋狂追高，一旦行情崩跌，可就損失慘重了。

所以，懶人們第一個心理建設，就是要學會逃避。逃避些什麼呢？逃避那些無所不在、動搖人心的消息。

心理建設二　叛逆

讀者家中有適逢青春期的青少年嗎？如果有，恐怕正爲了他們的叛逆而頭痛不已吧？

處於叛逆期的青少年，共同的特色是莫名所以的焦慮、仇視權威、鄙視普遍性原則、標新立異以突顯自我。

將頭髮染得像霓虹燈早不希奇，男生戴耳環更已司空見慣，現在流行的是戴鼻環、唇環甚至舌環。曾聽說有種最新的文身科技正逐漸風行。運用這種科技烙出的圖案，即使用雷射也磨不掉。

如果貴家長想擺出老古板的面孔，抓小孩來庭訓一番，保證令公子、千金馬上強力反彈，孝順一點的嗤之以鼻；火爆一點的大哭大鬧，如喪考妣，甚至離家出走，讓兩位被「如喪」的考妣寢食難安。

其實這是報應。想當年，您也曾經讓令尊、令堂擔心過。如果認爲自己自小就溫良恭儉讓，從沒叛逆過，那恐怕就是您貴人多忘事了。

但是，在投資理財的世界中，叛逆是成功最重要的因素。如果能標新立異，與群眾趨向背道而馳，往往就能成爲最後的贏家。

理由很簡單，因爲這是個不講究假平等的世界，微軟老闆比爾・蓋茲一個人就擁有九百億美元的資產，比世界最窮的幾個國家國民生產毛額總和還要多。股市的道理也是一樣，雖然散戶占了股市比重九成以上，但因爲沒有「散戶聯絡簿」這種東西存在，所以力量分散，成果自然比不上僅占股市比重一成左右的主力。

就供需法則來看，必須要有看好後市的買盤，也同時要有看壞後市的賣盤，買賣雙方才能成交。擴大來說，無論是什麼行情，都會有多頭與空頭兩股力量相抗擷。

當占台灣股市比重約九成的散戶們一致看好後市時，誰默默作空呢？又或者，當散戶者一致悲觀時，又是誰在悄悄進貨呢？答案當然是主力。因爲主力的力量要強過散戶，所以股市後續發展往往與眾人的看法截然不同；能冷靜的與群眾反向操作，西瓜偎小邊，才能獲取勝果。

換另外一個角度來看，群眾凝聚的共識反而是一種障礙。以八十八年農曆年後這一波多頭行情爲例：當股市大部分成員認爲指數必定攻上八千點，那麼八千點就是個眾人認可的高點。試問，誰不是在距八千點還有些距離時就脫手？有誰會笨到在接近八千點前出手承接？因此，若大眾認爲八千點是高點，那很可能根本就看不到八千點；如果看到八千點，那八千點就絕不會是最高點。

再以房地產爲例，一、二十年來幾波異常漲潮，其實都與惡性炒作及政策不當脫不了關係。當舉國瘋狂在房地產熱潮中時，獨幟清流，猛放小鋼炮的財政部長王建煊先生也不得不黯然下台。

政策不當、惡性炒作，再加上股市大好，資金豐沛，房地產終於從七十六年開始引爆超級行情。超過百分之二百的投資報酬率，使投資人趨之若鶩，終於使房價飆高到極不合理的境界。

但是，除非原先就是地主，又或是時機湊巧，能迅速脫手獲利，否則難免會在那一波房地產行情中慘遭套牢。為什麼？因為眾人瘋狂搶進，一段時日之後，造成供過於求，空屋率增高，投資人遂不得不賠錢，甚至想賣還賣不掉。

這就是不叛逆，盲目隨波逐所須付出的代價。

其實不只是投資者，建商的情況也好不到那裡去。空屋率之所以還能維持在一定的程度，便是因為建商推案少了。

可以多到幾處預售屋建築工地去瞧瞧，為了營造交易熱絡的氣氛，建商可說是施出渾身解數，不但辦抽獎，還製造偽客戶、假成交，一旦好不容易真的成交，就會「匡」的一聲大敲其鑼。但即使如此，銷售情況還是不理想，往往最後落得降價求售的下場。

當然，懶人們都已步入社會，甚至還有妻有子，已不再是慘綠少年，想特立獨行，還真不是件容易的事。

事實上，人的心理總是趨向於群眾。除了可以尋求認同感和安全感外，也是基於經驗法則。

比如，比鄰的兩家小吃店，一家生意興隆，一家門可羅

年度	行政區	台北市	台北縣	台中縣市	高雄縣市
83	累計餘屋（億元）	1,539	5,265	2,923	2,210
	戶數（戶）	21,968	95,727	64,956	49,111
84	累計餘屋（億元）	1,491	4,418	2,801	2,524
	戶數（戶）	21,300	80,327	62,244	56,089
85	累計餘屋（億元）	1,196	4,164	2,451	2,352
	戶數（戶）	17,086	75,709	54,467	52,267
86	累計餘屋（億元）	1,184	4,442	2,401	2,292
	戶數（戶）	13,929	74,033	48,020	45,840

圖表十四　台灣四大都會區餘屋量統計

雀。如果你肚子餓了，會選哪家小吃店呢？

想當然耳，生意好或差一定有理由。東西好吃、價格便宜、清潔衛生，都會造成高朋滿座。相反的，看到空空蕩蕩的場面，便會聯想到東西難吃、一碗魯肉飯要賣一百元，或牛肉麵其實是蟑螂湯，這麼一來，當然沒有光顧的興緻。

但是，投資的世界畢竟不是小吃店。就讓喜歡大家來做伙的人擠在小吃店吃陽春麵吧，先生您另闢雅室大啖魚翅羹不是很好嗎？

心理建設三　無情

東漢光武帝劉秀的姊姊湖陽公主死了丈夫，劉秀問她是不是有再嫁的打算；如果有，可在大臣中找對象。

既然弟弟這麼有心，做姊姊的也毫不害羞，落落大方的回答：

「想！依我觀察，文武百官之中，宋弘最中我的意。」

於是劉秀請湖陽公主躲在屏風後，然後找來宋弘，問：

「俗話說，飛黃騰達以後，就要換一批來往的朋友；發財以後，也要換個妻子，這是人情之常嗎？」

宋弘的回答可就漂亮了：「臣聞貧賤之交不可忘、糟糠之妻不下堂。」就這兩句話，把宋弘送進中國好男人名人堂。劉秀只好回頭對躲在屏風後的老姊說：「事不諧矣！」

事實的真相是：劉秀要不是二楞子，就是根本沒真心替姊姊找老公。試想，如果換成是你，皇帝將你找了去，然後問你這種公民與道德式的問題，你會怎麼回答？換成陳世美，恐怕也是會講出類似的大道理。

總而言之，以做人的道理來說，惜情重義是好的，但在投資的世界裡，無情無義的人才是最上品。

信不信由你，在買賣股票時，有很多人完全憑博感情來選股。

這些人通常曾在某檔股票上賺了一筆，此後，就算空手，在看證券行情表時，也總是念念不忘的多看這檔股票兩眼；決定進場買股票時，更會以它做爲第一個優先考慮對象。

這還不離譜，有時候，不只是曾操作賺過錢的股票，甚至只要曾申購中籤，也認爲這檔股票與自己有緣，心中產生莫名的好感。

事實上，逝去的戀情無論多美，無論留下的是甜蜜的回憶或是痛苦的烙痕，都要讓它在心裡沉澱，否則只會阻礙你尋覓新的幸福。同樣的道理，無論賺過或賠過，一波行情結束，應該留在心裡的，只是經驗而已。當再度從事買賣行爲時，面對的是一個嶄新的時空，正確的作法，是針對當時的情況擬定投資策略。除非你的舊愛後市看好，否則就應該斷然、無情的擁抱新歡。

將這個道理加以引伸：不能因爲曾在房地產飆漲時賺了一大筆，就執意迷信目前房地產表現不好只是受景氣拖累，不久的將來必然還有一波榮景；更不能曾在東元上市股票上獲利良多，就愛烏及屋，認爲投資東元可換轉公司債也一樣好賺。

此外，知名度較高的股票，也比較容易受到這類投資人的認同。

所謂知名度較高，不一定是指國壽、台塑、三商銀、台積電等赫赫有名的股票，也有可能是投資人耳熟能詳的股票。比如，很少人沒聽過統一、味全的大名，因爲常喝這些牌子的飲料。

這種情形，以初踏入股市的菜鳥投資人最常見。翻開證券行情表，股海茫茫，該買哪支好？這時候眼前一亮，啊！這檔股票我聽過，還蠻好「喝」的，於是乎就下單買進。

心理建設四　勇敢

勇敢來自於兩個完全不同的因素，一個是自信，一個是盲目。

這些日子來，每當夜幕低垂，台北市警力就忙著在各路口站崗布哨，臨檢車輛。這種情形，尤以「酒國」中山區最常見。

經常可以看到，遠遠的瞧見臨檢哨，有的車子提前繞路避開，有的車子坦然的繼續前進。就執法人員的觀點來看，逃避臨檢的車子，自然非姦即盜，否則就是酒後駕駛，如果是無犯法之虞的善良老百姓，何必怕臨檢？

但奇就奇在這裡，有些駕駛滿身酒臭，就像剛掉進啤酒海，他老兄也大搖大擺的開過臨檢哨，結果被逮個正著。

這種駕駛，有些是已經醉得胡說八道，有些是根本不知道酒醉駕駛已列入刑法加重罰則。無論原因爲何，都是盲目的行爲。前者的盲目，來自於喪失理智；後者的盲目，來自於無知。

在一般人的認知裡，自信是個正面的名詞，盲目、無知則是負面的名詞。但在懶人的投資世界裡，無論正面、負面，能產生好作用的就行。就像目前我國的外交政策一樣——不管黑人白人，肯與台灣建交的就是好人。

懶人們專業知識有限，什麼衍生性金融商品一概不懂；拿起技術圖表，也好像在看孝經鉤命決。那麼，自信來自何方呢？

原則上說，自信來自於低進高出的策略。因爲股市行情有一定的循環，所以只要徹底奉行這個策略，必賺無疑。

正因爲有這點認知，所以能充滿自信的從事買賣行爲。空頭市場中，行情有如槁木死灰，投資人普遍悲觀的時候，勇敢的買進；多頭行情走到尾端時，雖眼看行情大好，也能漠視老婆的阻攔與親友的恥笑，勇敢的獲利了結。

話又說回來，這種策略，不管什麼籌碼面、技術面，都當成不值一碗陽春麵，只一味的無招勝有招，不有點盲目嗎？但結合了盲目與自信而來的勇敢，卻確能爲懶人創造財富，這正是懶人投資奧妙所在。

心理建設五　主觀

當某甲和某乙就同一件事情，以不同的角度討論時，如果某甲覺得某乙的理論不對，但苦於無法辯駁時，常會祭出一個法寶：「你太主觀」。

深入來想，這實在是很有趣的事情。因爲某甲如不認同某乙的理論，必然是基於自己既有且深信不疑的理論或觀念，這難道不算主觀？

根柢來說，因爲每個人思考模式不同，再加上先入爲主的觀念，所以很難絕對客觀。而在看完本書之後，懶人更應該奉爲圭臬，然後抱著絕對主觀的態度操作。

本書曾提到目前市場上充斥著一些似是而非的投資理論。即使原則完全正確，也未必適用於懶人。甚至，兩種同樣合理的理論，甚至可能背道而馳。說真的，懶人很難找出這些理論的漏洞或陷阱，與其在眾多投資理論中徘徊甚至受害，不如乾脆全部視而不見，主觀的以本書教導的策略操作。

公元四九三年，由鮮卑人建立的北魏，將首都由平城遷往洛陽，並施行全盤漢化政策；連皇帝的姓都由「拓拔」改爲「元」。

客觀來說，相對較落後的鮮卑文化同化於漢族文化，是文化演變的必然過程，但也同時使北魏失去了游牧民族樸實的活力。結果呢，無論姓拓拔還是姓元，也都無法逃離自古無不亡之國的原則，在爾朱榮、高歡、宇文泰、高洋等人胡搞瞎搞下，死了個精光。

相信筆者，請蠻橫的認定自己就是不求進化的番仔，抱著「懶人投資法」，憑書中理論作主觀操作，自然黃金萬兩滾滾而來。

心理建設六　快樂

為什麼要投資？為了賺錢。為什麼要賺錢？為了改善生活。一簞食、一瓢飲不行嗎，為什麼要改善生活？因為在現在的社會裡，生活要維持一定的水準，才能帶來快樂。

回歸原點，也就是說，懶人們投資，最終的目的就是為了要快樂，如果因為從事投資，反而快樂不起來，那就完全失去了意義。

試想，如果成天栖栖惶惶於持股的漲跌，甚至從事當日沖銷等短線進出的買賣行為，不但會影響到工作和家居生活，心裡的壓力，更是無法言喻的。尤其是懶人一族，更無須承受這種肉體與精神雙重的折磨。

快樂的要訣，就是如前文所說的，既冷靜，又自信，主觀的認定懶人投資法可為您創造財富。如此一來，就能將得失心放在一旁，無情的擬定投資策略、勇敢的選擇波段操作；在幾乎完全不影響日常生活的情形下，做個快樂的投資人。

懶人投資

十二守則

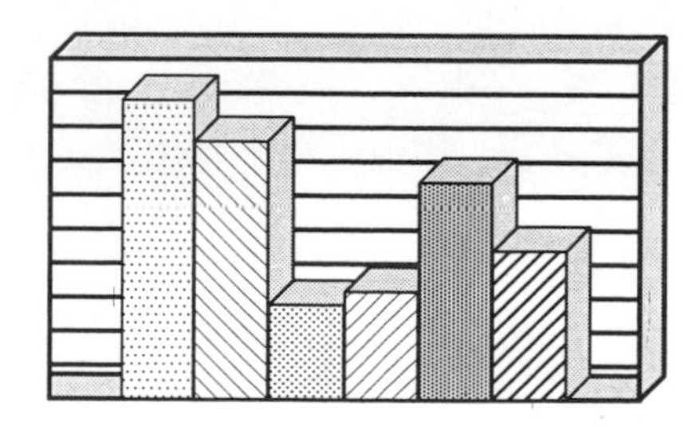

概 述

看完前面兩篇的介紹後，相信懶人們對投資已經有了基礎的概念；對各種投資工具也有了一定的認識。本篇就是要整合這些概念，來達到既能獲取高投資報酬率，又不必過得苦哈哈的目的。

讀者還記得嗎？懶人所需要的投資工具與方法，有下列四個前提：

㈠投資報酬率高。

㈡只要合理操作，風險可降至最低。

㈢簡單易懂。

㈣不必花費太多時間操作。

這些投資工具或方法，還必須配合上懶人的身體力行，才能發揮最大的功效。這就是「懶人投資十二守則」精髓之所在。

守則一　體認創業維艱

當個上班族真可憐，無論颳風下雨太陽晒，每個上班日都要奔波於家裡和公司之間。遇到不講理的老闆，有時還會無緣無故吃頓排頭。如果再加上自己根本不喜愛這一行，有時真不知所爲何來。

於是，就有人想炒老闆魷魚，自己當老闆。在台灣，似乎自己創業當頭家是件挺受肯定的事情，但老闆真有那麼好當嗎？

一般而言，創業可分爲兩種形態，一種是一技之長型，一種是將本求利型。

一技之長型，就是靠自己的技術和勞力賺錢。比如說，民國九十年台灣電力公司民營化之後，許多提前退休的技工，就很可能開起水電行。

至於將本求利型，就是看好某種行業，然後買進商品，將成本再加上預期利潤後賣出。從在夜市擺地攤賣東西，到租個店面賣衣服、茶葉，都屬於這一型。

當然，這兩種形態也可以結合。比如說，修理電器是專長，但開電器行後，當然也兼賣電視、冰箱。

雖然創業前，很多人都會覺得自己當老闆既自由又實在，從此不必再爲別人打拚，但事實上，一半新成立的公司行號，往往在短短兩、三內就關門大吉。剩下的，大都也只能打平，或維持小額獲利。

在台灣，想創業成功，著實不是件容易事。首先，所謂「台灣錢，淹腳目」，一群徒然有錢，卻不知道幹什麼事打發時間的人，只要看到哪一行能賺錢，便一頭栽進去。這種一窩蜂的現象，很快就會造成供過於求，大家都賺不到錢。

比如，前一陣子葡式蛋塔流行的時候，短短兩個月內，我看到街上葡式蛋塔迎風招展的布條，比一整年看到的中華民國國旗還多。結果，在物以濫爲賤的原則下，現在已悄悄退燒。我常想起那些職掉工作，興緻勃勃跑到技訓班學烘培葡式蛋塔的年輕人們，真不知道他們現在怎麼樣了？

其次，當過老闆的人都知道：老闆實在不好當；每天都要爲了人與錢而煩惱。

所謂「人」，就是指員工。還沒當老闆之前，以爲老闆可以成天頤使氣指，好不神氣。當了老闆之後，才知道員工不但不好請，而且不好帶，有些員工簡直比老闆還大牌。

當然，最重要的還是「錢」的問題。當了老闆，就像第一次當父母一樣，從沒想過會有那麼多出乎意料之外的支出。如果資金回收緩慢，或甚至被人倒帳，馬上就會面臨資金周轉困難的窘境。

我有位朋友，向親友借貸一筆錢，在東區開了一家餐廳。創業開支計有：頂讓費一百萬元、裝潢費三百五十萬元。過了一年多成天煩惱客人太少和工讀生太懶的日子，算一算，如果自己投入的時間不算，並沒有虧損，可是身邊不但沒多什麼錢，債務也沒減少，反而多揹了好幾條死會。於是心一橫，將店頂讓，結果只頂讓了一百五十萬元。

就算我那位朋友最後能將餐廳頂出四百五十萬元，帳面上沒有虧損，但投入的心血就此付諸東流。而這些資金與這一年的時間如果用在投資股票上，計算可能的獲利，還真能氣死人。

所以，仔細想想，自行創業太辛苦了，實在不適合懶人。

不過，話又說回來，一般人所謂的創業，並不見得是想轟轟烈烈的搞家大企業。的確有人只是想過自由自在的生活，所以就擺個小攤子賣豆花或開家海產店，有些索性開起了計程車。這些都是視個人志趣與看法，聽憑各便的，可以當成是另一種工作；但必須記住，不要為了創業所需，縮減投資額度。

守則二　避免不實用的重大支出

很多東西的價值，並不只是表象上能賣多少錢而已。

以房子爲例，雖然如前所述，已不具有投資價值，但就心理因素及社會地位而言，擁有一棟房子，還是件必要的事情。

譬如，我們常聽到「某甲雖然年紀輕輕，但已有了房子」，或「某乙年紀不小了，該想辦法買棟房子，好成家立業」的說法。就現在社會風氣而言，擁有房子，連在準岳父母眼中的分量都會不同。所以，雖然筆者並不鼓勵讀者投資房地產，但究竟是要借住父母家、公司宿舍，或租屋居住，以這筆資金來投資，還是要以貸款方式買間房子，倒是見仁見智的。

事實上，在台灣家庭資產配置比例中，房地產始終占了第一位（請參照圖表十五）。

不過自住也就罷了，千萬別萌生什麼多買一間出租的傻念頭。以目前行情來看，房租大約是房價的4%～5%之間，也就是說，市價500萬元的房子，每年大約可收取25萬元的租金，但貸款的年利率通常都在10%以上，也就是即使不計折舊和稅金，每年也要付出約50萬元。在房地產增值有限的情況之下，買房子租人，投資報酬率將是負值。

即使是自住，大多數人買第一棟房子時，也常有長住久安的盲點；總先想到未來會有幾個小孩，需要多大空間。固然計算的時候夫妻倆腳來手去，其樂融融，但卻因此常買到超過實際需要的房子，不但加重負擔，也在無形中縮減了投資獲利的資本。

坦白說，除了之前成績斐然、有跡可循，否則能不能生出

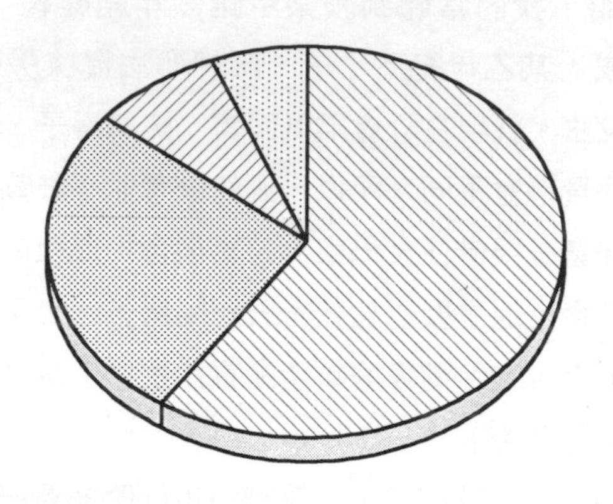

圖表十五　台灣家庭資產配置比例圖

小孩，還只有天曉得。如果一對年輕夫妻結婚時，能先就當時小倆口的需求購置大小合宜的房屋，省下的金錢用於投資，不但平常生活輕鬆許多，當需求產生時，難道不能用倍數的投資獲利來換屋嗎？

車子是另外一個典型的例子。

我曾聽人說，車子是男人夢想與行動力的延伸。所以我們常看到初出茅廬的年輕人，才剛找到工作，便迫不及待買車子，使得自用車滿街跑——這便是造成現在交通問題最大的元兇首惡。曾有人倡議必須要有停車位才能買車子，即使真的實行，恐怕也無大效，頂多車子開在台北市，停車位買在阿里山。

台灣地狹人稠，不同於美國。我有位年輕朋友曾深情款款的對女朋友說：「買車後，我們一起去賞鯨。」後來車雖然買了，不但鯨魚沒賞成，甚至還很少開出停車位。爲什麼？因爲台北市停車實在太不方便了，還不如坐計程車。何況，車子開出去後，回來時原來的停車位十之八九會被別人占走。

所以，現在公車、捷運等大眾運輸系統已十分方便，實在無須買輛車來鼎助空氣污染。

更何況，我們更可以來精算。就算是以現金購車，不必支付利息，也還是會有油錢、保養費、稅金、保險費、停車費等支出，更別提三不五時突如其來的罰單。

退一步來說，即使這些費用都不算。以一百萬元買輛別克或克萊斯勒來說，新車時固然光亮體面，十年後，即使保養再好，也只能算是「堪用」而已，當初那一百萬元已經蕩然無存。

再就邊際效應來討論，那一百萬元如果用來投資，假以時日，或許將可爲您賺進好幾輛賓士車。如果不是住在龍潭，工作在台北，必須每天開車通勤，真何苦爲了一時的夢想或虛榮心買車呢？

守則三　立即行動

懶人們並不需要卯起來涉足各種投資工具、方法，但在確立投資優於儲蓄、獲利高於節約的原則後，就要具體、立即實行。

勤儉致富，始終是中國人根深柢固的觀念。一般人認爲，量入爲出，致力儲蓄，起碼可以應付人生各種需求（台灣家庭儲蓄用途比例，請參照圖表十六）。然而，筆者一再提醒，以現今通貨膨脹的趨勢來說，積少成多、一點一滴存錢，年老時能不能成爲小富，還在未定之天。就算可以，辛苦了一輩子，啥也沒享受到，真是不值得。

紅樓夢裡的賈府，算得上當時的富豪，但以大家長——賈母來說，稍微吃點燕窩，就直喊脹氣，真是無福之至。所以每個人都要認清每個人都只有一輩子的事實，趁年輕時，用所有能運用的資金，謀取最大可能的獲利，這才是現代投資理財正確的概念。

但就算認清了投資的必要性，許多人還是會推拖，說什麼現在身邊沒多少錢，無法投資；或等到收尾會時再來投資……。凡此云云，無法立即下定決心投資的例子所在多有。

爲什麼說要「立即」呢？因爲世事難料，也許您八字不

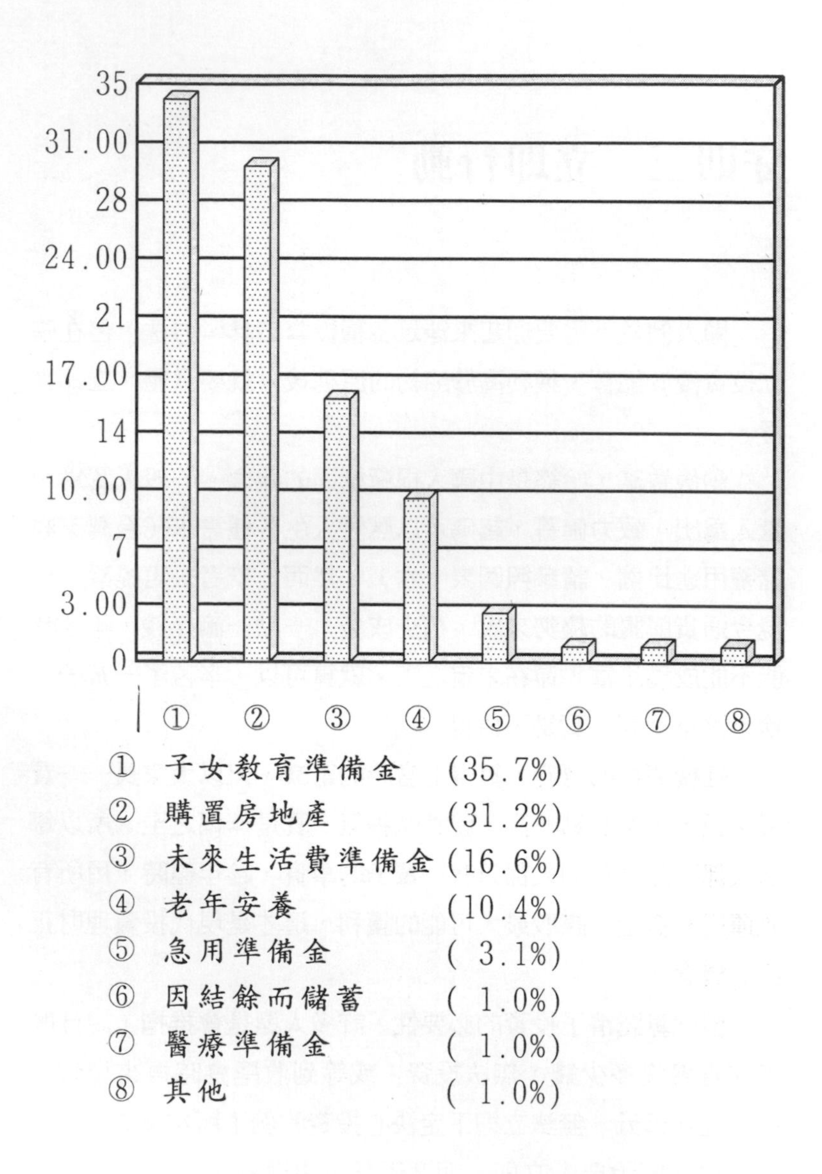

圖表十六　台灣家庭儲蓄用途比例

好，專剋新台幣，再好的投資理論，施行起來也不順利，那只要還年輕，便有承受失敗的本錢，若干時日後，卷土重來未可知。

更何況，時間是項極重要的因素，愈早開始投資，經由倍乘效果，未來能創造、累積的財富就愈可觀。

所謂「朝聞道，夕死可矣！」本書教授懶人投資致富之道，不但不會死，還能過著優游自在的生活，讀者請勿再觀望，以免自誤。

守則四　避免墮入數字陷阱

有許多投資機構或專家，經常使用數字魔術，誇大其投資工具的績效，以吸引投資人入彀。

在他們的理論中，可以看到一堆誘人的數據，證明他們投資的年平均報酬率，往往都在15％～30％之間。若再經過複利計算的乘數效果，的確獲利可觀。

可是若詳加審視，即可發現他們在計算年平均報酬率時，大都採用簡單的平均法。懶人必須明辨其中陷阱之所在，才不會因一時心動，盲目的進行徒勞無功的投資。

總額平均法

其公式爲：

（期末總值÷期初總值）÷年數＝年平均報酬率

例如：十年前加權指數5,000點，現在爲10,000點，則年平均報酬率＝（10,000÷5,000）÷10＝20％。

可是，若以複利計算，十年前5,000點，年增率20％，則應爲5,000點×（1＋20％）10＝3,0959點。

兩者相差數倍。

各年數值平均法

其公式爲：

各年平均報酬率累計總值÷年數＝年平均報酬率

例如：某基金最近四年之投資報酬率，分爲別①＋50％；②－30％；③＋45％；④－35％。

則年平均報酬率爲（50－30％＋45％－35％）÷4＝7.5％。

也就是說，投資人若投資10,000元購買一單位，至今應擁有10,000元×（1＋0.75）4＝13,355元。

可是，實際上卻只有：

10,000元×（1＋50％）÷（1－30％）×（1＋45％）÷（1－35％）＝9,896元。

兩者差距也不小，而且年數愈多，相差愈大。不可不愼。

守則五　矢志當個愛國主義者

國家生存是不是高於人民權利，一直是個見仁見智的問題。英國大哲學家羅素先生，還曾主張爲了人民福祉，投降也沒關係，因而慘遭判刑。時至今日，在台灣，就算不愛國也不犯法，所以諸如「沒有國哪有家」等口號，只能說說而已，很少人當真。

當然，民族、國家主義，也常會令人熱血沸騰。最近看到一分民調，數據顯示，一旦中共武力犯台，將有百分之四十九的台灣青年願意爲國家一戰。也就是說，台灣將有近五百萬大軍可以和中國人民解放軍相抗衡。但從每當兩岸風起雲湧，台灣同胞賣股票換現金，再賣台幣換美元的表現來看，這分民調數據不但恐怕不見得，還要大大的不見得確實。

但是，如果說愛國能致富，那同胞們應該就會義無反顧了吧！

爲什麼說愛國能致富呢？我們舉上一次台海危機爲例子。

民國八十五年三月，台灣舉行第一次總統民選。中共爲了不願意讓想帶台灣人民走出悲情的摩西總統李登輝先生當選，文攻武嚇，甚至試射飛彈，擺出不惜一戰的態勢。

最後，在美國強力干預等因素下，這場鬧劇不了了之。但在當時，台灣投資人心理受到極大的震撼，直接的影響有：

㈠殺出持股，帶著現金退出股市；即使賣到4,500點的超低價位，也在所不惜。

㈡覺得自己跑不掉，而現金貨幣又不穩當的人，紛紛將手中現金定存。當時一年期定存利率降到6.55%左右。

㈢可乘桴浮於海的人，覺得定存還是不穩，乾脆賣掉新台幣，以1比27.5元的高檔價買美元。

李登輝總統在民國八十八年中祭出兩國論，造成股市大跌時，曾說過兩句名言：「只要大家有信心就可以了」、「還會再漲回來的」。

偉哉斯言，無論是不是真有信心、真的愛國，或只單純是因爲跑不掉，而咬牙與政府站在同一陣線對抗八十五年那波逆勢的投資人，到了年底再來檢視，可發現下列結果：

㈠定存利率不升反降，將現金從股市抽出，轉爲定存的人，啥好處也沒撈到。

㈡美元匯率沒什麼波動，賣新台幣買美元的人，不但毫無獲利，就算不計價差損失不計，起碼還賠上了手續費。

㈢台灣股價加權指數爲6,932點，與政府站在同一陣線的人，無形中賺了54%。

這一次因爲兩國論引發的風波還餘波盪漾，還無法得知確實影響程度。但筆者敢斷言，即使中、長期行情挫跌，也是因爲股價必須拉回整理所造成，政治因素並沒有絕對的影響。

也可以說，就今日局勢來說，政治因素無法長時間影響財經基本面及股市走勢；過度誇大政治因素的影響，是愚不可及的。

話又說回來，絕大多數的懶人們，並沒有美國的綠卡，也沒在紐西蘭、加拿大置產，就算有個萬一，能跑到哪裡去呢？所以何不和政府同仇敵愾呢？

再就經濟、貨幣學原理來說，即使台灣真的成爲中國的一省，台塑、台積電的資產也不會縮水；甚至新台幣還可繼續使用，在很長一段時間內不會強制換爲人民幣。投資人何必怕得那麼來勁呢？

所以，大家要熱愛中華民國在台灣，將每次政治利空造成的大幅拉回，視爲獲利和財富重分配的良機。

守則六　耐心等候是種藝術

所謂的投資專家，或兩、三天不買賣股票就簡直活不下去的狂熱分子，成天沈浸在股價漲跌、小道消息和技術圖表中。頻繁進出的結果，盈虧姑且不論，光是累計繳給證券商的手續費（買價或賣價的0.1425%），和繳給國庫的證交稅（0.3%），就是一筆不得了的數目。

同時，喜歡頻頻進出買賣的人，通常賭性堅強，對得失也格外執著。成天浸淫在閃閃爍爍的紅、綠數字中，喪失了人生的情趣，就算賺了錢，真的值得嗎？

其實，股票之所以最適合懶人投資，正是因為它幾乎可以不花時間。

拉長時間來看，股市在歷經一陣子空頭市場後，必然還會再回到多頭市場。只要能夠在低檔買進，然後不太貪心，在多頭市場中選個賣點賣出，必然能獲取可觀的利潤。而平常除了正常工作外，還可從事各種休閒活動，甚至躺在家裡睡大頭覺，這才叫懶得有意義。

民國七十七年九月二十四日，因為復徵證所稅，台灣股市爆發一連十九個營業日無量重挫的「證所稅事件」，當時的財政部長郭婉容女士曾說過「股票套牢，只要不賣就不會賠」。

將這句名言換一個角度來看，股價落到低點，將大部分投資人套得胡說八道的時候，您悄悄的買進。等到這些「套友」好不容易解套的時候，您已經靜靜的獲利了結，這不是很好嗎？

運用這種看起來毫無章法，純粹以耐心來獲利的操作手法，可以創造多大的利潤呢？我們觀察過去十年的紀錄，就可以發現：有不少個股，每年最高價與最低價，相差在百分之百以上，有些投機股甚至差幅高達兩、三倍。即使股價震盪起伏比較不明顯的所謂大型績優股，價差也在五、六成左右。

再以時間來看，台灣的空頭市場通常維持三十四個月左右，但多頭市場往往可以持續八十九個左右，所以在空頭市場末期買進股票，然後在多頭市場中暢快的操作，等待的時間並不會太久。

東漢時，班超通西域七十二國，名震天下，年老時，上疏懇求皇帝讓自己告老還鄉。職務交接時，班超告訴繼任者，水清無大魚，西域環境特殊，不要逼得太緊。繼任者原以爲班超有何高見，結果不過爾爾，不禁嗤之以鼻，後來果然將混亂帶進西域。

用水清無魚來形容台灣股市，倒是有些貼切。台灣股市散戶比重過高、炒作風氣熾盛，原是爲人詬病的缺點，但倒也營造出上述那種特殊的股價變化趨勢，造福懶人不少。

那爲什麼說耐心是種藝術呢？因爲耐心等待，無非是想逢低買進、逢高賣出，一旦等待過了頭，錯失買賣良機，輕則獲利縮水，重則住進套房。

耐心最大的敵人是貪婪。這種情形，在多頭市場末期尤爲明顯。

當投資人逐漸習慣了多頭走勢後，普遍認爲上漲是常態，偶而挫跌僅是調整。當多頭行情發展到最高點時，即使早就想出場，但看到外資、法人、市場作手穿梭來去；利多消息推陳出新，便會貪念大作，想再多賺一段。當局勢終於反轉直下時，這些投資人還以爲又是暫時的回檔，雖然已有危機意識，但仍然觀望躊躇。就這樣首鼠兩端，終於措手不及，這些時日來耐心等候所創造的利潤，成爲鏡花水月。

同樣的道理，在空頭市場中也適用。

在長期的空頭走勢中，投資人習慣了跌勢，雖然覺得股價已經偏低了，但總還是覺得不會那麼快回升吧？想等股價再探底的時候再來接手。這種想買到地價的想法，往往會錯失良機，無法創造最大的利潤。

就算沒遭到價差的損失，等待太久，就如同不但守株待兔，而且還等得睡著了，是一點意義也沒有的。

守株待兔這句成語，出自《韓非子・五蠹》，大意是說宋國有位農夫，偶爾看到有隻白癡兔子一頭撞死在樹下，大打一頓牙祭的農夫從此「釋其耒而守株」——將農具一丟，成天守在樹旁，希望再得到兔子來做三杯兔。結果壯志未酬，反而成爲全國的笑柄。

用守株待兔來形容在股市中等待，其實是不太恰當的。因爲多頭市場來臨時，高股價這隻兔子必然會像愛麗絲夢遊仙境中那隻小白兔一樣，引投資人走進發財大門。

但是，前提是這隻兔子未必見得還會一頭撞死給你看，所以必須要事先張羅結網，做好捉兔子的準備；更不能等得睡著了，讓兔子在身上撒泡尿後揚長而去還不自知。

舉個例子說，民國八十三年，一整年股市的投資報酬率爲17.36，但一月時股價曾在6,700點附近徘徊。假設那時候進場，八月曾漲到7,228點。若嫌這隻兔子不夠肥，任牠跳過，到了八十四年，台灣股市開始進入大空頭市場，八月間還探及4,474的低點。這時候不但當然不賣，聰明的投資人，還會認爲這是進場時機。好吧！股市開始轉爲熱絡，八十六年八月，終於攻上10,000點。這時候，如果再不捕兔下酒，略一遲疑，兩個月後，又回到7,000點，和原來差不多。想想這三年多年的等候，真像做了場夢。

要避免這種情況發生，最好是能克制自己的貪念。要如何不貪呢？我們可以參酌股市中極爲流行的停利停損法。

當我們買進股票時，先針對自己心態及個股現實狀況，擬定一個價位或價位區，當股價上漲到這階段時，就獲利了結；這稱爲「停利」。相同的道理，在買進股票時，預先設定停損點或停損區。當判斷有誤，股價持續挫跌到這個階段時，便毅然認賠賣出，這稱爲「停損」。

運用本書的方法投資股票，發生需要停損的機率並不高，但停利區的設置就很重要了。大致上來說，只要覺得股價經過一段長時間的滑跌，甚至已經跌深，形成底部時，就可以大膽進場，反正股價已低，再往下探底也有限。但當股價終於回升時，就必須預設停利點或停利區，以免煞車不及，衝過了頭。

停利點或停利區的設置，可以自問賺多少能滿足，也可以參酌個股過去漲幅歷史來擬定。

總之，能欣賞並體會耐心這項藝術，才能輕鬆獲得最大的利潤。

守則七　先確立攻擊態勢

雖說投資態度要積極，但視各人個性與背景的差異，及當時的行情，還是可作些調整。

以股票投資爲例，吃了秤坨鐵了心的投資人，將一次投資的獲利加上本金，在下一次投資中悉數投入，希望能在最短的時間內，累積到期望中的財富。

但不怕一萬，只怕萬一，生性比較保守的投資人，不希望上次投資的獲利在一次誤判中化爲一場春夢，於是在下次投資前，先行抽出部分利潤。

而在低檔買進股票，一段時日後，眼看行情果然走俏，投資人也不禁一則以喜，一則以憂。喜就不必提了，憂的是無法判斷行情何時到頭。這時候，也可以在得到一定程度的利潤之後，先將本金抽離，只用利潤繼續運作；之後，無論如何在高檔遭到套牢，都不會有損失。幾無操作技巧而言的懶人最適合這種方法。

有時候，懶人們在多頭市場賺得欲罷不能，難免有想一路到底的衝動。雖然不鼓勵，但如果不潦下去就睡不著覺的話，下列兩種方法也可供參考。

第一種方法，是不抽回資金，用利潤長期投資績優股，而以本金繼續中、短線搏殺。因爲長期投資績優股，較易獲利，即使短期股價挫跌，也常能回本；而靈活運用本金進出中、短線，可望擴大獲利幅度。這種方法既有進取性，又不致於全軍覆沒。

第二種方法比第一種方法溫和一些，是以本金投資績優股，而以利潤繼續投入中、短線操作。因爲長期投資績優股，保住老本的機會較大；而以利潤從事短、中線操作。即使賠了，傷勢也不會太重。

人貴自知，能先確立自己的攻擊態勢，才不會臨陣捉瞎，亂了陣腳。

守則八　不把資金交給別人操作

西洋有句諺語：「欲問友情何價，開口借錢便知」。的確，現代社會人情味愈來愈淡薄，錢也愈看也重，一文錢好似須彌山。但說也奇怪，如果遇到素昧平生的陌生人——甚至連面也沒見著、聲音也沒聽到，只要說能為你帶來什麼好處，往往就會心甘情願的雙手奉上新台幣。

這可不是隨便說說。不是常聽說有人收到通知函，上頭寫「恭喜您中大獎了，請繳15%稅金（或繳交一筆會員費，成為會員後才能享受大獎等福利）」，就也不問自己何德何能中此大獎，迫不及待的就按上頭指示的帳戶匯款。

另一個例子：金光黨詐騙的手法數十年來如一日，但受騙的人數可也未因通貨膨脹而減少。最常見的情形，是一個平凡的中年婦人，指著看似喜憨兒的同夥，對受害人表示，這人是個傻子，抱著一大袋新台幣出來找女人。與其被別人騙，不如我們合夥帶他去××一番，然後瓜分這筆錢。

財帛動人心，受害人考慮了一會兒後，便欣然同意。沒想到傻子卻嘟著大嘴表示不依，說你們想騙我的錢。為了讓他心安，婦人會慫恿受害人拿出一筆錢，與傻子的錢放在一起。然後，婦人和傻子藉故先行離去，留下發了一筆橫財而竊喜不已的受害人。

故事的結果是千篇一律的：婦人和傻瓜從此過著幸福快樂的日子；受害人打開那包錢一看，不知何時已被掉包成衛生紙或報紙——如果是衛生紙的話，足證騙子天良未泯，未來不幸落網時可酌給末減；因爲衛生紙還可以拿來擦眼淚。

本守則的標題是「不把資金交給別人操作」，這並不是說所有代客操作的分析師或投顧都是騙子，而是因爲：

㈠沒必要。

懶人投資，講究的是簡單明瞭。自己操作就已游刃有餘，何須別人代操牛刀？更何況，無論掛牌或不掛牌，個人或組織，並無任何數據可以證明投顧絕對能打敗大盤，爲投資人賺錢。相同的道理，共同基金亦如是。

㈡有風險。

在報紙或第四台亂打廣告，或靠牽線關係招攬客戶的投顧（股友社），的確有不少是騙子。有的騙的是金錢，賺取會員費及操作費後瞎報明牌。那些雖本善良，可惜心有力而力不足，無法爲客戶賺到錢的，也可歸此範疇。

也有的並不以騙錢爲宗旨，而純粹是主力的傳聲筒，吸引投資人前來抬主力的轎子。這一類，騙的是投資人的感情。

當然，也有的是既騙錢，又騙感情。既然良莠不齊，懶人何須耗神去判斷？

㈢要花錢。

股友社就不必提了，就算是正統的投顧，也並不是抱著人生以服務爲目的的宗旨而成立的；他們代客操作、提供意見是要收錢的。前面已經說過，投顧的績效並不見得能打敗大盤，所以，錢不見得賺得到，反而要先花一筆錢，這不是很划不來的事嗎？

守則九　不從事超高利潤的投資

讀者會不會覺得奇怪——這標題是不是下錯了？不是一再說懶人之所以要投資，就是爲了要追求高利潤嗎？

沒錯！但所謂的高利潤，必須要合理才行。許多投資機構或「基金」，打出高利息、高紅利的號召，吸引投資人入彀。情況有二：

㈠一開始並未打著騙人的壞念頭；投資環境大好的時候，也確爲投資人賺過一些錢。但當行情轉壞的時候，終被投資虧損加上付給投資人的高利息所拖垮。

㈡所謂投資或基金，單純只是「吸金」的幌子。這類騙局的排場通常很大，轟轟烈烈幹了一票後，一夕之間人去樓空。

雖然情況各異，但殊途同歸——投資人血本無歸，跑路者有之、跳樓者有之，組成自救團體，頭綁布條，痛斥政府爲何不善盡把關之責者，更是司空見慣。

殊不知，即使有關單位善盡法律把關之責，也難守人性貪婪之心關。多年前造成極大轟動的鴻源事件，相信讀者都還記憶猶新。筆者故鄉有句俗諺說得好：「你貪他利息，他圖你本金」。如果說高利潤伴隨著可能的高風險，那不合理的超高利潤就代表著絕對的風險。像期貨等高風險的投資工具，本書都不建議讀者介入了，更何況是這些絕對會帶來巨大戕害的陷阱？所以懶人絕對不能受不了超高利潤的誘惑，以免留下心中永遠的痛。

守則十　不從事不合法的投資

在期貨還未合法的時候，投資人和營業員之間的糾紛頻傳。投資人如果吃了虧怎麼辦呢？不怎麼辦，因爲從事不合法的投資，理所當然不會受到法律的保護。

股票值得投資人眷顧，有很大的原因也是在於其安全性。股市體制健全，不但眾目睽睽，財經主管單位或證期會、證交所等機構更是夙夜匪懈的善盡監督之責。投資人的安全性因之得到極大的保障。

但是，並不是說任何和股票有關的事物都可一視同仁。以空中交易而言，雖以股票爲標的，可是不但不合法，事實上原理還接近期貨，所以還是少沾惹爲妙。

即使並非不合法，但只要體制、環境不像上市、上櫃股票那樣健全，也得小心爲是。

以未上市股票爲例。經由盤商四處兜售的未上市股票，流通性低等缺點姑且勿論，股票畢竟不是鈔票，沒有浮水印等高科技防僞措施，所以買到僞造股票的情形也屢有所聞。

守則十一　毋故步自封

歷史有時候有軌跡可尋；歷史、社會學家皓首窮經，無非是要找出這些軌跡的共通性，也之所以才有唯物史觀等理論產生。

但歷史並不是不變的模具，其中也充滿了太多的偶然與不確定性。以宰制中國近二千年的儒家思想來說，一向認爲先王制度盡善盡美；世風之所以日下，是因爲人心不古的緣故。但如果三代真那麼完美，何以會搞出春秋戰國那個亂轟轟的時代；又何以王莽依古炮製，卻弄得一場糊塗？

由此可見，時代在變，潮流在變，尤其想賺別人錢的人，更不能忽略時空背景的變化。

如前所述，「黃金」時代真是已經過去啦！除非打算拿黃金當聘禮，然後結上一百次婚，否則沒必要投資黃金。而房地產飆漲的年頭也一去不回了，經過那陣狂潮洗禮，無殼蝸牛固然悲涼，揹了好幾個殼的蝸牛，也不見得輕鬆。

即以股市爲例，二十年前，紡織業如日中天，許多僑生回國，紛紛被安插在各院校紡織系就讀，所以紡織股理所當然的成爲主流股。但到了現在，這些紡織股即使尚未下市，股價也陷於長期低迷，可說是晚景淒涼。

後來，金融股接下了棒子。但如果十餘年前即買進當時最紅的金融股，或接踵於民國七十八年興起的營建股，現在情況也好不了那裡去。而在金融股還是主流的時候，絕少人會想到當時還是少數族群的電子股，十年後會領一時風騷。

雖然無論從那個角度看，二十一世紀初，仍然是資訊電子業主宰的年代，但從一百多年前利用燭光、油燈照明的人無法想像電燈的例子來看，未來是否仍然如此，只能讓時間來證明。

所以，強勢主流股當然值得捧場，只不過別留下太深刻的印象。要知道，曾有過的斬獲，不是未來獲利的保證。

守則十二　致富之門不會爲死鴨子而開

歷年來，股市分析師或新聞從業人員，爲股市創造了不少生動的名詞。諸如：有不定時引爆危機的稱爲「地雷股」、持有者不識漲升甜滋味的稱爲「苦瓜股」……等。

原則上，本書教導懶人要選擇股票作爲主要投資標的，然後進行波段性操作。但即使是在多頭市場中，也仍然有些股價要死不活的苦瓜股，相對漲幅不高。如果長期培養，苦瓜也不會長成芭樂。那怎麼辦呢？

說句實話，就一般散戶來說，判斷出錯不是希奇的事。但當發現自己選擇的個股是扶不起的阿斗時，就要趕緊換股操作，以免資金無意義的停滯。

行情的判斷也是一樣，當股價在低檔時，雖然已值得買進，但判斷還將有更低的行情而暫時觀望，想等更低價位出現時再承接，不料股價就此攀升。如果能確定之前判斷有誤，如今築底已經完成，那就要趕緊進場，以擴大獲利幅度。

或者，判斷前頭還有一段行情，不料事實上已經作頭，那也要趕緊回頭是岸，把握逃命的機會，儘速出場。

雖說人之異於禽獸者幾希，但畢竟還是有些差別。我們常說死鴨子嘴硬，就是指鴨子這種硬喙動物，即使變成薑母鴨，嘴巴還是硬的。做人可不能效尤鴨子，尤其是想藉投資致富的懶人們，更不能死不認錯。要知道，通往致富大道的大門是不會爲死鴨子敞開的。

懶人投資

另類思考

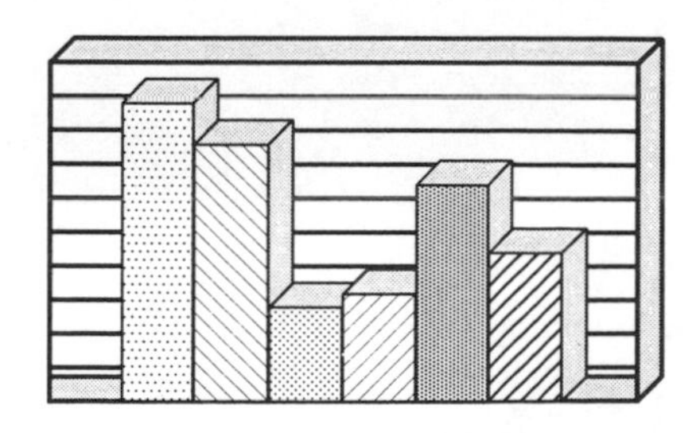

自我投資

看了這麼久，讀者有沒有想過，掌握這些適合懶人的投資工具與方法，終極目的到底是什麼？

讀者可能會說，不就是在不影響日常生活的情況下，投資獲利甚至致富嗎？

一點也沒錯。可是，我們再做深一層的思考：既然選擇投資工具與方法的目的，是爲了使自己過更好的生活，那這個「自己」，是不是也值得投資呢？

首先，即使有錢，能在資本主義社會中過著優裕的生活，可未必能提高您在別人心目中的地位。

舉個例子來說，地目變更、房地產炒作，使台灣產生了一批新富階級——田僑仔。這些人發財之後，迫不及待的買別墅、黑頭車、在酒廊裡用整疊面額一千元的新台幣點煙；然後呼朋引伴，到花都巴黎瞎拚，在高級餐廳裡高聲划台灣拳，結果活生生被趕出來。

看似神氣，但真要這些人到孩子的畢業典禮上登台發表幾句高見，卻往往擠不出幾句話，雙手交扭，像在纏麻花。事實上，除了狂撒小費以示闊氣外，有錢的人往往吝嗇；有時還會加上無禮與冷漠。別人得不到你真心的幫助，只感受得到以錢傲人的驕橫與難登大雅之堂的低俗，那如不是另有所圖，又怎會願意接近你，甚至發自內心的尊敬你呢？這也正是有錢人雖然身邊總常簇擁著一堆人，但往往沒幾個真正好朋友的最主要原因。

如果說不管別人怎麼看，老子過得好就可以了，那更是大錯特錯。如果個人境界不能與財富一起提升，那往往會帶來家庭失和、子女不成才的後果。這種情況屢見不鮮，並非筆者危言聳聽。

再者，依本書的定義，懶人們通常都有分正常的工作。也就是說，在投資之外，工作能力的突破、人際關係的改善，是提升地位（升職）、增加收入（加薪）的必備條件。而投資自我（如進修）正是增強這些條件的不二法門。

此外，現在世界變遷極速，如果不能藉進修來適應這些變化，即使哪天賺了一大筆錢，想弄個事業玩玩，又哪來的一技之長與高瞻遠矚？且別提員工是否會尊敬這個望之不似人君的老闆，要如何能從實際創建事業的過程中得到快感呢？

仔細想想，絕大部分的人之所以有今天，都是父母親投資的結果。雙親多麼辛苦，怕你生病、供你讀書，其間花的錢其實不重要，投注的心血才真令人動容。

當然，父母親拉拔孩子長大，說是一種投資，其實大部分倒是不求回報的；只是希望孩子能成爲一個有用的人。而一個人只有一輩子，如果我們自己反而不願意投資自己，那豈不就說不過去了嗎？

所以說，雖然本書教導懶人能在繼續懶下去的同時，藉投資創造財富，但並不希望讀者們懶得做人；請讀者能確實體會到自我投資的重要性。

進修

看完上一節，希望讀者能有所體悟，立即展開自我投資的行動。

要自我投資，最具體的行動，就是進修。想要進修，可以可以參加講座或授課，當然也可以自我進修。歸納起來，進修可分爲下列幾類：

技能進修

包括與自己從事工作相關或無涉的各種技能。

要學習什麼技能，很可能是從實際觀點出發的。如研修與自己工作相關的進階技能即是。他如著眼於以後社會潮流，或配合自己的生涯規劃，學習日後將會用得上的技能。

以目前而言，最受歡迎的就是電腦課程了。這是因爲每個人都知道，二十一世紀即將來臨，電腦白痴是很難活得下去的。

藝能進修

就是所謂能陶冶品性的各類進修，包括音樂、繪畫、舞蹈、插花（不是指看人打牌時順便投注的那種）……等。

個人心靈境界的提升不是一蹴而幾的，所以也不並建議讀者馬上報名才藝班，或取法蔣中正先生給兒子的建議，找出左孟莊騷菁華猛K。最好的辦法，是確定自己的興趣，然後好好培養，使其成爲枯燥生活的調劑。

曾聽過個笑話，有個人問醫生自己能不能活到一百歲。醫生問：「你抽煙嗎？」那個人回答：「不抽。」醫生又問：「喝酒嗎？」那個人又回答：「很討厭。」醫生再問：「那有什麼嗜好嗎？」那人想想，搖頭說：「什麼嗜好也沒有。」醫生大駭，說：「那你活到一百歲做什麼？」

當然並不是叫讀者馬上去抽煙喝酒、狂嫖濫賭，而是請讀者體會「人無癖不樂」這句話的意義。修習藝能，就算不能提升心靈境界，起碼也能帶來不少生活的樂趣。

人際關係進修

從情緒到口才，甚至於婚姻生活，近年來極風行這種號稱能增進人際關係的講座或課程。尤其是必須靠人際關係賺錢的人（如業務人員），更是趨之若鶩。

不過，這種課程或講座的功效是見仁見智的。教人如何談戀愛的專家一頭栽進情網，人財兩失，或高談闊論EQ的專家在辦公室大呼小叫，回家後打老婆像打狗一樣，這些情形都是很常見的。

無論是哪類進修，都必須要考慮實用性，更不能盲目的付出高額講座或課程費。就理財來說，不能從事無謂的投資；對進修來說，更不能做無意義、沒必要的投資。

附錄

節稅

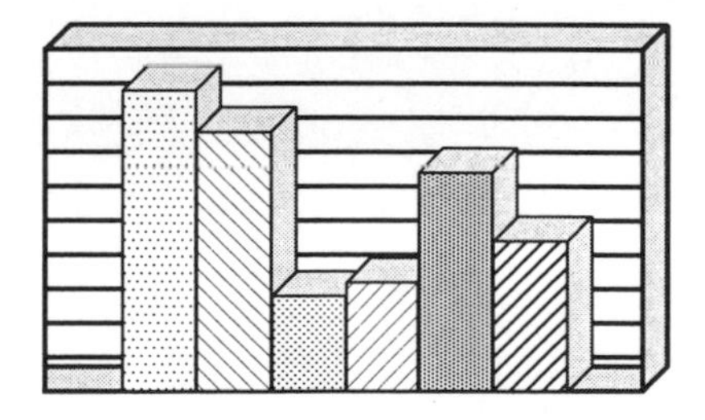

①節稅的重要性

如果能徹底奉行本書的理念，即使是懶人，也能在過著正常生活的同時，享受投資致富的快感。

當然，無論火力再怎麼強大，沒有子彈，烏茲衝鋒槍也只是塊廢鐵，所以投資需要錢。本書對懶人的定義，其中有一項是資金不充足，因此，爲了要投資，難免要犧牲一些不必要的享受。比如，買輛車子代步，通常就不必要。

還有件事是非省不可的，那就是稅捐。

所得稅法開宗明義，第二條就說：「凡有中華民國來源所得之個人，應就其中華民國來源之所得，依本法規定，課徵綜合所得稅。」

這段話也就等於是說，既然前生積德，今世有幸生爲中華民國國民，又感謝父母，將您生得四肢健全、有謀生能力，那麼，「凡有」在中華民國獲得的所得，都應該繳稅，以建設吾土，共榮吾民。

誠然，納稅是國民應盡的義務，否則政府哪來的錢營造您平常生活所需的公共建設？但繳納的稅捐，每分錢都是辛苦錢，所以必須要在合法的範圍內，儘量減輕稅負。所以節稅不等於逃稅，後者是非法的，不但要補稅、繳罰款，還須負法律責任。

在「建立全方位成本觀念」中，我們舉過一個例子：就算一年收入一千萬，但依所得稅法規定，卻要繳百分之四十的所得稅，只能剩下不到六百萬。

也就是說，個人無論是工作所得或投資所得，都必須繳綜合所得稅；開店做生意，也要繳營利事業所得稅，甚至在投資的過程中，還有各種稅捐，所以必須精打細算，以免錯估投資效益或在無形之中減緩資金累積的速度。

例如，一、二十年前以兩百萬買入一間房子，適逢房地產飆漲，現在這房子市價可達千萬。乍看之下，似乎只要一脫手便能賺入八百萬，但卻忽略了在賣出的時候，這房子須繳納百分之五十的房屋增值稅。

所以在投資理財的世界裡，稅捐是件十分重要的事情。有很多海外基金在百慕達、威京群島等經濟環境落後的國家註冊，並不是因爲嚮往當地風情，而是因爲這些國家素有「租稅天堂」之稱。富可敵國的比爾蓋茲，最近也宣稱將在有生之年捐出一千億美元。請不要計算一千億美元可兌換多少新台幣，以免嚇死你。這種舉措，除了個人志向外，也有節稅的作用。

②所得稅免除

雖說凡中華民國國民，都要繳納所得稅，但依社會整體需求、公平性及個人特殊條件，還是有免稅的規定。

依所得稅法第四條規定，下列各種所得免納所得稅：

㈠現役軍人之薪餉。

㈡托兒所、幼稚園、國民小學、國民中學、私立小學及私立初級中學之教職員薪資。

㈢傷害或死亡之損害賠償金，及依國家賠償法規定取得之賠償金。

㈣公、教、軍、警人員、勞工、殘廢者及無謀生能力者之撫卹金、養老金、退休金、資遣費、贍養費。

㈤公、教、軍、警人員及勞工所領政府發給之公費、特支費、實物配給或其代金及房租津貼。

㈥依法令規定，具有強制性質儲蓄存款之利息。

㈦人身保險、勞工保險及軍、公、教保險之保險給付。

㈧中華民國政府或外國政府，國際機構、教育、文化、科學研究機關、團體，或其他公私組織，爲獎勵進修、研究或參加科學或職業訓練而給與之獎學金及研究、考察補助費等。

㈨各國駐華使領館之外交官、領事官及其他享受外交官待遇人士之職務所得。

㈩各國駐華使領館及其附屬機關內，除外交官、領事官及享受外交官待遇之人員以外之其他各該國國籍職員之職務所得。

(十一)自國外聘請之技術人員及大專學校教授，依據外國政府機關、團體或教育、文化機構與中華民國政府機關、團體、教育機構所簽訂技術合作或文化教育交換合約，在中華民國境內提供勞務者，其由外國政府機關、團體或教育、文化機構所給付之薪資。

(十二)教育、文化、公益、慈善機關或團體，符合行政院規定規定標準者，其本身之所得及其附屬作業組織之所得。

(十三)依法經營不對外營業消費合作社之盈餘。

(十四)①個人及營利事業出售土地，或個人出售家庭日常使用之衣物、家具，或營利事業依政府規定為儲備戰備物資而處理之財產，其交易之所得。

②個人或營利事業出售民國六十二年十二月三十一日前所持有股份有限公司股票或公司債，其交易所得額中，屬於民國六十二年十二月三十一日前發生之部分。

(十五)因繼承、遺贈或贈與而取得之財產。但取自營利事業贈與之財產，不在此限。

(十六)各級政府機關之各種所得。

(十七)各級政府公有事業之所得。

(十八)外國國際運輸事業在中華民國境內之營利事業所得。但以各該國對中華民國之國際運輸業給與同樣免稅待遇者為限。

(十九)營利事業因引進新生產技術或產品，或因改進產品品質，降低生產成本，而使用外國營利事業所有之專利權、商標權及各種特許權利，經政府主管機關專案核准者，其所給付外國事業之權利；暨經政府主管機關核定之重要生產事業因建廠而支付外國事業之技術服務報酬。

㈦①外國政府或國際經濟開發金融機構，對中華民國政府或中華民國境內之法人所提供之貸款，及外國金融機構，對其在中華民國境內之分支機構或其他中華民國境內金融事業之融資，其所得之利息。

②外國金融機構，對中華民國境內之法人所提供用於重要經濟建設計畫之貸款，經財政部核准者，其所得之利息。

③以提供出口融資或保證為專業之外國政府機構及外國金融機構，對中華民國境內之法人所提供或保證之優惠利率出口貸款，其所得之利息。

㈡個人稿費、版稅、樂譜、作曲、編劇、漫畫及講演之鐘點費之收入。但全年合計數以不超過十八萬元為限。

㈢政府機關或其委託之學術團體辦理各種考試及各級公私立學校辦理入學考試，發給辦理試務工作人員之各種工作費用。

③綜合所得稅

第一節　所得種類

綜合所得稅是一般人最熟悉的稅捐。原則上，只要是中華民國國民，有收入，又已成年，便是一個獨立的申報戶。當然，夫妻本是同林鳥，結婚後便要一起申報。

綜合所得稅的所得種類，包括下列幾項：

㈠營利所得：

包括公司股東所分配之股利、合作社社員所分配之盈餘、合夥組織營利事業之合夥人每年度應分配之盈餘、獨資資本主每年自其事業所得的盈餘，及個人從事貿易行爲的盈餘。

㈡執行業務所得　　建築師、律師、建築師、醫生，甚至演員等專業人士執行業務所得的收入，都屬於這一項。

㈢薪資所得：

薪資通常是上班族最重要的收入來源，所以也在所得總額中占了極大部分。無論是軍、公、教、警、公私事業職工薪資及提供勞務之所得，都屬於這一項。當然，符合免稅資格的不必繳納綜合所得稅，而執行職務支領的差旅費、日支費及加班費，只要不超過規定標準，也可不必繳納。

㈣利息所得：

包括公債、公司債、金融債券、各種短期票券、存款及其他貸出款項利息之所得。也就是說，無論是銀行存款或股利，甚至私人借貸，都要繳稅。不過，私人借貸就算不申報，也很難被查出來。

如果將錢存在郵局，所得的利息收入，依法是不必繳稅的。而短期票券到期兌償金額超過首次發售價格部分，也是利息所得，但稅款已由扣繳義務人在給付時扣取，並不併計綜合所得總額。

㈤租賃所得及權利金所得：

不管將房子、土地等任何財產租人所得的租金，或提供專利權、商標權、著作權所得的收入，都屬於這一項。

租金原則上是由當事人雙方約定的，但如果將台北SOGO百貨旁一百坪大的辦公大樓租人，申報租金年租一萬元，可不可以？當然不可以，稅捐稽徵機關會參照當地一般租金，調整計算租賃收入。

㈥自力耕作、漁、牧、林、礦之所得：

就算厭倦紅塵，歸隱田園，種田養雞的所得，在減除成本及必要費用後，所得額也是要繳稅的。

㈦財產交易所得：

指財產或權利因交易而取得之所得。

㈧競技、競賽及機會中獎之獎金或給與：

中獎了，或參加菁英盃保齡球賽獲得一筆獎金時，都要想到，稅捐機關同時也想要分享你的喜悅。

(九)其他所得：

不屬於上列各類之所得，以其收入餘額減除成本及必要費用後之餘額爲所得額。

第二節　免稅額

稅捐稽徵機關也不是不近人情的；也想到一般人必須要養家活口，所以納稅義務人可以依法減除其本人、配偶及合於下列規定扶養親屬的免稅額：

㈠納稅義務人及其配偶之直系尊親屬，年滿六十歲，或無謀生能力，受納稅義務人扶養者。其年滿七十歲受納稅義務人扶養者，免稅額增加百分之五十。

㈡納稅義務人之子女未滿二十歲，或滿二十歲以上，而因在校就學、身心殘障或因無謀生能力受納稅義務人扶養者。

㈢納稅義務人及其配偶之同胞兄弟、姊妹未滿二十歲者，或滿二十歲以上，而因在校就學，或因身心殘障，或因無謀生能力，受納稅義務人扶養者。

㈣納稅義務人其他親屬或家屬，未滿二十歲或滿六十歲以上無謀生能力，確係受納稅義務人扶養者，但受扶養者的父或母如果是現役軍人，或中、小學以下教職員，不得列報減除。

第三節　扣除額

納稅義務人可就下列標準扣除餘或列舉扣除額擇一減除，並減除特別扣除額。

標準扣除額

納稅義務人個人扣除三萬八千元，有配偶者五萬七千元。

列舉扣除額

㈠捐贈：

對於教育、文化、公益、慈善機構或團體之捐贈，總額以不超過綜合所得總額百分之二十爲限。但有關國防、勞軍之捐贈及對政府之捐贈，不受金額之限制。

㈡保險費：

納稅義務人本人、配偶及直系親屬之人身保險、勞工保險及軍、公、教保險之保險費。但每人每年扣除數額以不超過二萬四千元爲限。

㈢醫藥及生育費：

納稅義務人及其配偶或受扶養親屬之醫藥費及生育費，以付與公立醫院、公務人員保險特約醫院、勞工保險特約醫院、所，或經財政部認定其會計紀錄完備正確之醫院者爲限。但另受有保險給付部分，不得扣除。

㈣災害損失：

納稅義務人及其配偶與扶養親屬遭受不可抗力之災害損失。但受有保險賠償或救濟金部分，不得扣除。

㈤購屋借款利息：

納稅義務人購買自用住宅，向金融機構借款所支付之利息，其每一申報戶每年扣除數額以十萬元爲限。但申報有儲蓄投資特別扣除額者，其申報之儲蓄投資特別扣除額，應在上項購屋借款利息中減除；納稅義務人依上述規定扣除購屋借款利息者，以一屋爲限。

特別扣除額

㈠財產交易損失：

納稅義務人及其配偶、扶養親屬財產交易損失，其每年度扣除額，以不超過當年度申報之財產交易之所得爲限。當年度無財產交易所得可資扣除，或扣除不足者，得以以後三年度之財產交易所得扣除之。

㈡薪資所得特別扣除：

納稅義務人及與納稅義務人合併計算稅額之個人有薪資所得者，每人每年扣除五萬二千元，其申報之薪資所得未達五萬二千元者，全數扣除。

㈢儲蓄投資特別扣除：

納稅義務人及與其合併報繳之配偶暨受其扶養親屬於金融

機構之存款、公債、公司債、金融債券之利息、儲蓄性質信託資金之收益及公司公開發行並上市之記名股票之股利，合計全年不超過二十七萬元，得全數扣除。超過二十七萬元者，以扣除二十七萬元爲限。

㈣殘障特別扣除：

納稅義務人與其合併報繳之配偶暨受其扶養親屬如爲殘障福利法第三條規定之殘障者，及精神衛生法第五條第二條規定之病人，每人每年扣除六萬三千元。

㈤教育學費特別扣除：

納稅義務人之子女就讀大專以上院校之子女教育學費每年得扣除二萬元。但空中大學、專校及五專前三年及已接受政府補助或領有獎學金者除外。

第四節　節稅大原則

綜合所得稅怎麼計算呢？以一個獨立申報戶來說，有下列兩個步驟：

①課稅稅基＝稅基－（免稅項目＋減除項目）；

②應付稅額＝（課稅稅基×稅率）－（累進差額＋扣抵稅額）。

所謂「稅基」，指的是課稅的範圍。

由這個公式，我們可以歸納出下列節稅的原則：

㈠避重就輕。

以前面提過那間土地增值稅高達百分之五十的房子爲例，因爲所得稅法第四條規定因繼承、遺贈或贈與而取得之財產免稅，所以可以等到子女成年後，由子女繼承，如此就可避開這項賦稅。

同時，必須選擇較低的稅率計稅方式。譬如，自用房屋的課徵稅率較低，如果登記營業使用，則稅率較高，所以儘量以自用的方式來申報。

㈡增加可退稅的稅額。

如保險費、慈善捐款……等，都可退稅。

㈢多申報減除項目。

譬如，房屋貸款是一項沈重的負擔，可是貸款屬於減除項目，不但個人綜合所得稅可獲減除，房屋本身的稅賦也因此減少，所以在有能力償還貸款時，便須考慮減少利息支出（但可運用資金也同時減少）與減少稅額，何者對自較有利。

㈣留意自己是否符合免稅項目。

第五節　報稅

依規定，申報綜合所得稅的時間，爲每年二月二十日至三月三十一日。每逢報稅熱季，稅捐稽徵機關都會大打廣告，要納稅義務人儘早申報。

可別認爲稅捐稽徵機關不懷好心眼。有些人以爲，只要遲些申報，便能延後繳納稅款，將錢放在銀行，可以多生一些利息。事實上，如果經由銀行戶頭轉帳的方式繳納稅金，由於直接由銀行轉帳，不到繳稅期限的最後一天，銀行是不會提兌這筆款項的，所以毫無利息損失。

報稅時必須注意下列原則：

㈠平時養成保存證明文件的習慣。譬如子女學費的收據聯，便應好好收存，以作爲扣抵的憑據。

㈡準時報稅，以免受罰。

㈢申報規定中有「或者⋯⋯」的部分時，申報人就可選擇了。選擇什麼呢？當然是計算出每一種方式的稅額，然後選擇對自己最有利的方式。

㈣留意上一節所提的節稅原則。

㈤如有退稅，應提早申報。如超過期限，往往要八、九個月的時間才能領到退稅。

第六節　夫妻報稅的方式

報稅時，夫妻必須共同填寫申報書，但並不強制合併申報。納稅人可利用下列三種公式演算，選擇最省稅的方式：

合併申報

應繳稅額＝綜合所得額×稅率－累進差額

夫爲納稅義務本人，妻爲配偶，分開計稅，合併申報

妻之薪資所得淨額＝妻之薪資所得－妻之免稅額－妻之薪資扣除額

妻之薪資所得淨額×稅率－累進差額＝妻之薪資應納稅額

不含妻薪資之所得淨額＝綜合所得淨額－妻之薪資所得淨額

不含妻薪資之應納稅額＝不含妻薪資之所得淨額×稅率－累進差額

應納稅額＝妻之薪資應納稅額＋不含妻薪資之應納稅額

妻爲納稅義務本人，夫爲配偶，分開計稅，合併申報

夫之薪資所得淨額＝夫之薪資所得－夫之免稅額－夫之薪資扣除額

夫之薪資應納稅額＝夫之薪資所得淨額×稅率－累進差額

不含夫薪資之所得淨額＝綜合所得淨額－夫之薪資所得淨額

不含夫薪資之應納稅額＝不含夫薪資之所得淨額×稅率－累進差額

應納稅額＝夫之薪資應納稅額＋不含妻薪資之應納稅額

④股票

如「建立全方位成本觀念」中所言，賣出股票，必須繳納0.3%的證券交易稅。此外，股利也必須併入綜合所得稅計算。但如果領取的股利符合儲蓄投資特別扣除額之規定，則可享二十七萬元的免稅額。

股利可以不要，也可以申請緩課。決定的標準在於是否超過二十七萬元。如果超過，使得綜合所得稅課徵稅率往上跳一級，所需多付的稅金超過股利，就可以辦理緩課或放棄。

⑤自用住宅

前面已經提過，買了房子，就會有以下稅捐要繳：

㈠地價稅：1%（如爲自用住宅，則爲0.2%）。

㈡房屋稅：營業用稅率爲3%；自用住宅爲1.38%。

㈢土地增值稅：如將自用住宅出售，則土地增值稅就是增值總數的10%。但必須注意，這種優惠，一生只有一次。

因此，如果估計自己一生將不只一次買入房地產，最好將住宅登記在目前名下無房產的家人名下（如已成年的子女）。

但切忌將房子登記在父母名下，因爲老人家百年之後，將會產生遺產稅的問題。此外，最好也不要登記在感情不睦的兄弟姊妹，或陳世美、潘金蓮型的配偶名下，以免橫生困擾。

⑥遺產稅與贈與稅

前頭曾提過，懶人想要投資，如果能先準備一筆錢，就再好也不過了。但這筆錢最好不要來自於借貸。如果儲蓄有限，又不能借貸，也只能就現有收入，每月提撥一筆金額投資。但是，還有一種平空獲得財產的可能，就是獲得別人贈與或承繼遺產。

一般人總認爲很難平白無故的得到到財產的贈與，事實上，贈與的釋義很廣，譬如，雖然不計入贈與總額，但你給小孩的錢也是種贈與，但得到遺產就十分有可能了。

親人辭世，固然是件無法避免的憾事，但請節哀順變；如果有遺產，就更須要知道遺產稅的相關法規。因爲，雖說承繼遺產免稅，但那指的是所得稅，遺產稅與贈與稅一樣，還是要繳稅的。

遺產稅和贈與稅很類似，最大的不同點，在於遺產稅產生於財產擁有人死後財產的轉移；而贈與稅發生於生前的財產贈與轉移。

要計算遺產稅或贈與稅，必須要先計算出財產總額。繼承或贈與標的如果是房屋，價值依評定的標準價格而定；如果是土地，則依公告的土地現值，或評定的標準價位爲定。

有關遺產稅與贈與稅，納稅人必須注意其免稅、扣除、扣抵額，再注意之間的關係，然後妥善利用，以達到節稅的目的。

第一節　遺產稅

遺產稅的計算方式如下：

遺產稅應繳稅額＝〔（總額－（免稅額＋扣除額）×稅率－（累進差額＋扣抵稅額＋利息）〕

相關規定如下：

免稅額

遺產總額中，可減除二百萬元的免稅額。如果是軍、警、公、教人員因公殉職，加倍計算。

扣除額

以下各項可自遺產總額中扣除，免徵遺產稅：

㈠被繼承遺有配偶者，自遺產總額中扣除二百萬元。

㈡被遺承人遺有民法第一千一百三十八條第一、第二順位繼承人時（該條內容爲除配偶外的繼承順位：①直系血親卑親屬；②父母；③兄弟姊妹；④祖父母），每人得自遺產總額中扣除二十五萬元。其第一順序繼承人中有未滿二十歲者，並得按其年齡距屆滿二十歲之年數，每年加扣二十五萬元。

㈢被繼承人遺有受其扶養之民法第一千一百三十八條第

三、第四順序繼承人時，每人得自遺產總額扣除二十五萬元。

㈣被繼承人遺有受其扶養之民法第一千一百三十八條第三順序繼承人中有未滿二十歲者，並得按其年齡距屆滿二十歲之年數，每年加扣二十五萬元。

㈤遺產中之農業用地，由繼承或遺贈人，繼續經營農業生產者，扣除其土地價值之半數。但由能自耕之繼承人一人繼承，繼續經營農業生產者，扣除其土地價值之全數。

㈥被繼承人死亡前六年至九年內，繼承之財產已納遺產稅者，按年遞減扣除百分之八十、百分之六十、百分之四十及百分之二十。

㈦被繼承人死亡前，依法應納之各項稅捐、罰鍰及罰金。

㈧被繼承人死亡前，未償之債務，具有確實證明者。

㈨被繼承之喪葬費用，以四十萬元計算。

㈩執行遺囑及管理遺產之直接必要費用。

稅率

㈠三十萬元以下者，課徵百分之二。

㈡超過三十萬元至六十萬元者，就其超過額課徵百分之三。

㈢超過六十萬元至一百一十四萬元者，就其超過額課徵百分之五。

㈣超過一百一十四萬元至一百六十二萬元者，就其超過額課徵百分之七。

(五)超過一百六十二萬元至二百一十六萬元者，就其超過額課徵百分之九。

(六)超過二百一十六萬元至二百七十萬元者，就其超過額課徵百分之十一。

(七)超過二百七十萬元至三百五十一萬元者，就其超過額課徵百分之十四。

(八)超過三百五十一萬元至四百零八萬元者，就其超過額課徵百分之十七。

(九)超過四百零八萬元至五百一十萬元者，就其超過額課徵百分之二十。

(十)超過五百一十萬元至七百六十五萬元者，就其超過額課徵百分之二十三。

(十一)超過七百六十五萬元至一千零二十萬元者，就其超過額課徵百分之二十六。

(十二)超過一千零二十萬元至一千四百四十萬元者，就其超過額課徵百分之三十。

(十三)超過一千四百四十萬元至二千四百萬元者，就其超過額課徵百分之三十四。

(十四)超過二千四百萬元至三千三百六十萬元者，就其超過額課徵百分之三十八。

(十五)超過三千三百六十萬元至四千八百萬元者，就其超過額課徵百分之四十二。

(五)超過四千八百萬元至九千萬元者，就其超過額課徵百分之四十六。

(七)超過九千萬元至一億六千萬元者，就其超過額課徵百分之五十二。

(八)超過一億六千萬元者，就其超過額課徵百分之六。

哪些遺產不計入遺產總額？

依遺產及贈與稅法第十六條規定，下列遺產不計入遺產總額：

(一)遺贈人、受遺贈人或繼承人捐贈各級政府及公立教育、文化、慈善機關之財產。

(二)遺贈人、受遺贈人或繼承人捐贈公有事業機構或全部公股之公營事業之財產。

(三)遺贈人、受遺贈人或繼承人捐贈於被繼承人死亡時，已依法登記爲財團法人組織之教育、文化、公益、慈善、宗教團體及祭祀公業之財產。

(四)遺產中有關文化、歷史、美術之圖書、物品，經繼承人向主管稽徵機關聲明登記者。但繼承人將此項圖書、物品轉讓時，仍須自動申報補稅。

(五)被繼承人自己創作之著作權、發明專利權及藝術品。

(六)被繼承人日常生活必需之器具及用具，其總價值在四十五萬元以下部份。

㈦被繼承人職業上之工具，其總價值在二十五萬元以下部份。

㈧依法禁止或限制採伐之森林。但解禁後仍須自動申報補稅。

㈨約定於被繼承人死亡時，給付其所指定受益人之人壽保險金額、公教人員或勞工之保險金額及互助金。

㈩被繼承人死亡前五年內，繼承之財產已繳納遺產稅者。

⑾被繼承人配偶及子女之原有財產或特有財產，經辦理登記或確有證明者。

第二節　贈與稅

贈與稅的計算方式如下：

贈與稅應繳稅額＝〔（總額－（免稅額＋扣除額）×稅率－（累進差額＋扣抵稅額）〕

相關規定如下：

免稅額

贈與納稅義務人，每年可自贈與總額中減除四十五萬元的免稅額。

扣除額

贈與附有負擔者，由受贈人負擔部分應自贈與額中扣除。

稅率

㈠三十萬元以下者，課徵百分之四。

㈡超過三十萬元至五十七萬元者，就其超過額課徵百分之五。

㈢超過五十七萬元至一百一十四萬元者，就其超過額課徵百分之六。

㈣超過一百一十四萬元至一百六十二萬元者，就其超過額課徵百分之八。

㈤超過一百六十二萬元至二百一十六萬元者，就其超過額課徵百分之十一。

㈥超過二百一十六萬元至二百七十萬元者，就其超過額課徵百分之十四。

㈦超過二百七十萬元至三百五十一萬元者，就其超過額課徵百分之十七。

㈧超過三百五十一萬元至四百零八萬元者，就其超過額課徵百分之二十。

㈨超過四百零八萬元至五百一十萬元者，就其超過額課徵百分之二十三。

㈩超過五百一十萬元至七百六十五萬元者，就其超過額課徵百分之二十六。

⑪超過七百六十五萬元至一千零二十萬元者，就其超過額課徵百分之三十。

⑫超過一千零二十萬元至一千四百四十萬元者，就其超過額課徵百分之三十五。

⑬超過一千四百四十萬元至二千八百八十萬元者，就其超過額課徵百分之四十。

⑭超過二千八百八十萬元至四五百萬元者，就其超過額課徵百分之四十五。

⑮超過四千五百萬元至九千百萬元者，就其超過額課徵百

分之五十。

㈥超過九千萬元至一億五千萬元者，就其超過額課徵百分之五十五。

㈦超過一億五千萬元者，就其超過額課徵百分之六十。

哪些贈與不計入贈與總額？

依遺產及贈與稅法第二十條規定，下列贈與不計入贈與總額：

㈠捐贈各級政府及公立教育、文化、慈善機關之財產。

㈡捐贈公有事業機構或全部公股之公營事業之財產。

㈢捐贈依法登記為財團法人組織之教育、文化、公益、慈善、宗教團體及祭祀公業之財產。

㈣扶養義務人為受扶養人支付之生活費、教育費及醫藥費。

㈤家庭農場之農業用地，贈與由能自耕之配偶或民法第一千一百三十八條所定繼承人一人受贈而繼續經營農業生產者。

亞太金融中心面面觀

吳惠林／總策劃

D1001	金融體制和政策	ISBN:957-8637-30-6 (97/03)	黃淑基/主編	NT:100B/平
D1002	亞太金融中心競爭力	ISBN:957-8637-31-4 (97/03)	黃淑基/主編	NT:100B/平
D1003	銀行和基層金融	ISBN:957-8637-32-2 (97/03)	黃淑基/主編	NT:100B/平
D1004	外匯和貨幣市場	ISBN:957-8637-33-0 (97/03)	黃淑基/主編	NT:100B/平
D1005	保險和期貨市場	ISBN:957-8637-34-9 (97/03)	黃淑基/主編	NT:100B/平
D1006	股票和債券市場	ISBN:957-8637-35-7 (97/03)	黃淑基/主編	NT:100B/平
D1007	衍生性商品和金融人才	ISBN:957-8637-36-5 (97/03)	黃淑基/主編	NT:100B/平

亞太金融中心面面觀

本套叢書由「台北三信文教基金會」所籌辦的十四場「亞太金融中心面面觀」系列電視座談會中精彩對話內容集結而成。會中以亞太金融中心為關鍵課題，對於其承上的問題及後續的發展，做全盤性的討論。而後整理成《金融體制和政策》、《亞太金融中心競爭力》、《銀行和基層金融》、《外匯和貨幣市場》、《保險和期貨市場》、《股票和債券市場》、《衍生性商品和金融人才》七本書。希望這樣自發性的活動能引發各界不論從學術、實務、政策、法令各方面多加投入，以作為我們攀登金融中心的助力之一。

MBA系列

D5001	混沌管理	ISBN:957-8637-76-4(99/03)	袁　闖/著	NT:260B/平
D5002	PC英雄傳		高久峰/著	
D5003	駛向未來-台汽的危機與變革		徐聯恩、葉匡時、楊靜宜/著	
D5004	中國管理技巧-宏觀管理篇		芮明杰、陳榮輝/編著	
D5005	中國管理技巧-微觀管理篇		芮明杰、陳榮輝/編著	
D5006	中國管理名言-宏觀管理篇		袁　闖/編著	
D5007	中國管理名言-微觀管理篇		袁　闖/編著	

WISE系列

D5201	英倫書房	蔡明燁/著

混沌管理

袁　闖／著

本書主要是以中國傳統管理學及其與現代西方管理思想比較的角度去討論混沌管理的涵義、本質和方法論特徵，分析混沌管理的理論、社會依據和策略方法，探討現代混沌管理的科學方法論與企業層面，以及混沌決策、管理創新。

元氣系列

D9101	如何征服泌尿疾病	ISBN:957-818-000-4(99/04)	洪峻澤/著	NT:260B/平
D9102	大家一起來運動	ISBN:957-8637-91-8(99/02)	易天華/著	NT:200B/平
D9103	名畫與疾病—內科教授爲你把脈	ISBN:957-818-004-7(99/05)	張天鈞/著	NT:320B/平
D9104	打敗糖尿病	ISBN:957-818-037-3(99/10)	裴　馰/著	NT:280B/平
D9105	健康飲食與癌症	ISBN:957-818-024-1(99/08)	吳映蓉/著	NT:220B/平
D9106	健康檢查的第一本書	ISBN:957-818-027-6(99/08)	張瓅文/著	NT:200B/平
D9107	簡簡單單做瑜伽-邱素真瑜伽天地的美體養生法		陳玉芬/著	NT:180B/平
D9108	打開壓力的拉環-上班族解除壓力妙方		林森、晴風/著	
D9109	體內環保-排毒聖經		王宜燕/譯	
D9110	肝功能異常時怎麼辦		譚健民/著	
D9201	健康生食		洪建德/著	

健康檢查的第一本書

張瓅文／著

怎麼選擇健檢機構？診所好，還是醫院好？而且健檢的等級那麼多，應該選擇哪一種？做完健檢後，許多人看著出爐的報告仍是一頭霧水。有的人因為一、兩個異常數據而緊張得半死，有的以為一切正常就是健康滿分。這種情況恐怕有檢查比沒檢查還糟。本書提供所有讀者最實用的資訊，包括健檢機構的介紹、檢查項目的說明、健檢結果的說明等，是關心健康民眾不可錯過的好書。

懶人投資法

Money Tank 叢書 03

著　　者／王義田
出 版 者／生智文化事業有限公司
發 行 人／林新倫
總 編 輯／孟　樊
登 記 證／局版北市業字第 677 號
地　　址／台北市文山區溪洲街 67 號地下樓
電　　話／886-2-23660309　886-2-23660313
傳　　真／886-2-23660310
印　　刷／科樂印刷事業股份有限公司
法律顧問／北辰著作權事務所　蕭雄淋律師
初版一刷／1999 年 10 月
定　　價／新台幣 230 元
ISBN／957-818-047-0
郵政劃撥／14534976　揚智文化事業股份有限公司
E-mail／tn605547@ms6.tisnet.net.tw
網　　址／http://www.ycrc.com.tw

北區總經銷／揚智文化事業股份有限公司
地　　址／台北市新生南路三段 88 號 5 樓之 6
電　　話／886-2-23660309　886-2-23660313
傳　　真／886-2-23660310
南區總經銷／昱泓圖書有限公司
地　　址／嘉義市通化四街 45 號
電　　話／886-5-2311949　886-5-2311572
傳　　真／886-5-2311002

國家圖書館出版品預行編目資料

懶人投資法/王義田著. -- 初版. -- 台北市：生智，1999 [民 88]

面；　公分. -- （Money Tank 叢書；3）

ISBN　957-818-047-0（平裝）

1. 理財 2. 投資

563　　88011477